Pädagogik interkulturellen Lernens

Theorie und Praxis am Beispiel von
internationalen Jugendbegegnungen

von

Armin Desch

Tectum Verlag
Marburg 2001

Die Deutsche Bibliothek - CIP-Einheitsaufnahme

Desch, Armin:
Pädagogik interkulturellen Lernens.
Theorie und Praxis am Beispiel von internationalen Jugendbegegnungen.
/ von Armin Desch
- Marburg : Tectum Verlag, 2001
ISBN 978-3-8288-8301-7

© Tectum Verlag

Tectum Verlag
Marburg 2001

Inhaltsverzeichnis

1. Einleitung   7

2. Jugend als Lebensphase   11
2.1 Identitätsfindung   13
2.2 Geschlechterrollen   15
2.3 Sexualität   17
2.4 Sozialisation in anderen Kulturen   20

3. Begriffliche Definition interkulturellen Lernens   23
3.1 Der Begriff „Interkulturelles Lernen"   23
3.2 Begriffliche Abgrenzung von „interkulturell" und „multikulturell"   24

4. Theoretische Aspekte und Problemlagen, an denen Interkulturelles Lernen ansetzt   27
4.1 Kultur   28
4.1.1 Zum Kulturbegriff   28
4.1.2 Enkulturation   29
4.1.3 Ethnozentrismus, Kulturrelativismus und Universalismus   29
4.2 Vorurteilsbildung   31
4.3 Selbstbild und Bild vom Anderen   33
4.4 Rassismus   35
4.4.1 Rasse und Rassismus   35
4.4.2 Exkurs: Antirassistische Erziehung   37
4.5 Interaktion durch Kommunikation   38
4.5.1 Kommunikation   38
    4.5.1.1 Sprache   39
    4.5.1.2 Nonverbale Kommunikation   41
4.5.2 Kommunikationsbarrieren   41
4.5.3 Interkulturelle Kommunikation   43
    4.5.3.1 Kultur und Kommunikation   44
    4.5.3.2 Exkurs: Voraussetzungen für Interkulturelle Kommunikation   46
    4.5.3.3 Exkurs: Förderung interkultureller Kommunikation   47
    4.5.3.4 Dolmetschen – Übersetzen   47
        4.5.3.4.1 Exkurs: Überlegungen für die Praxis   48
    4.5.3.5 Schlußbemerkungen   49

5. Begegnung   51
5.1 Voraussetzungen und Kriterien für Begegnung   52
5.2 Alltag und Begegnung   53

6. Pädagogische Überlegungen und Ansätze interkulturellen Lernens in internationalen Jugendbegegnungen — 57

- 6.1 Pädagogische Lernziele als Voraussetzungen für Interkulturelles Lernen — 57
- 6.2 Methodisch-didaktische Überlegungen und Anregungen — 61
- 6.2.1 Überlegungen zu Spiele und Übungen — 65
  - 6.2.1.1 Eine Auswahl möglicher Spiele — 67
- 6.2.2 Medien- und Theaterarbeit — 68
- 6.2.3 Der Gruppenverlauf unter methodisch-didaktischen Gesichtspunkten und Interventionsmöglichkeiten — 69
- 6.3 Für eine Pädagogik interkulturellen Lernens — 72

7. Interkulturelles Lernen – Qualifikationsanforderungen an TeamerInnen — 75

- 7.1 Aus- und Fortbildung von TeamerInnen — 75
- 7.2 Handlungskompetenzen als Eignungsprofil für TeamerInnen — 79

8. Internationale Jugendarbeit — 81

- 8.1 Zielsetzung der internationalen Jugendarbeit — 82
- 8.1.1 Politische Begründung — 82
- 8.1.2 Inhaltliche Lernziele — 84
- 8.2 Gründe für mehr internationale Jugendbegegnungen — 85
- 8.3 Workcamps — 87
- 8.4 „pro international e.V." — 89

9. Interkulturelles Lernen am Beispiel von workcamps — 93

10. Schlußbetrachtung — 101

Anhang — 105

„ICH HABE VIELE VÄTER,
UND ICH HABE VIELE MÜTTER,
UND ICH HABE VIELE SCHWESTERN,
UND ICH HABE VIELE BRÜDER.
MEINE BRÜDER SIND SCHWARZ,
UND MEINE MÜTTER SIND GELB,
UND MEINE VÄTER SIND ROT,
UND MEINE SCHWESTERN SIND WEIß.
UND ICH BIN ÜBER 10 000 JAHRE ALT.
UND MEIN NAME IST MENSCH."

(Bert Brecht/Rockgruppe „Ton Steine Scherben")

1. Einleitung

Im folgenden möchte ich in Kürze darstellen was Sie von diesem Buch erwarten können, wie es inhaltlich gegliedert ist und was meine eigene Motivation zu diesem Thema betrifft.

Wie der Titel meiner Diplomarbeit schon ausdrückt, steht das interkulturelle Lernen im Mittelpunkt der Betrachtung, und ich werde mich sowohl mit den theoretischen Aspekten auseinandersetzen als auch die praktische Umsetzung, am Beispiel von internationalen Jugendbegegnungen, aufzeigen.

Es geht mir aber auch darum einen kritischen Standpunkt einzunehmen, denn nicht jede internationale Jugendbegegnung baut automatisch Vorbehalte und Vorurteile gegenüber Menschen aus anderen Kulturen ab. Im Gegenteil, diese können bei schlecht vorbereiteten und durchgeführten Begegnungen aufrechterhalten oder sogar noch verstärkt werden.

Gerade deshalb halte ich es für unbedingt notwendig, daß in der Ausbildung von TeamerInnen (Gruppenleiter, Betreuer) der Aspekt des interkulturellen Lernens ausführlich behandelt sowie durch Rollenspiele und andere Methoden praxisnah eingeübt werden sollte.

Da die TeamerInnen eine Schlüsselposition einnehmen und es sehr stark an ihnen liegt ob und wie interkulturelles Lernen stattfindet, lege ich großen Wert auf deren Fortbildung.

Aus eigener Erfahrung als Teamer in einem workcamp kann ich sagen, daß es – gerade wenn man das erste mal diese Rolle einnimmt –nicht so leicht ist interkulturelles Lernen zu initiieren.

Der Begriff Interkulturelles Lernen ist in den letzten Jahren sehr in Mode gekommen und wird recht oft – teils sicherlich auch inflationär – gebraucht, d.h. nicht immer dort wo interkulturelles Lernen beabsichtigt ist findet es auch statt. Ein weiterer Kritikpunkt ist der, daß die Umsetzung der beabsichtigten Ziele von internationalen Jugendbegegnungen in Frage gestellt wird. Welche Ziele sich die internationale Jugendarbeit gesetzt hat, werde ich in Kapitel 8. näher erläutern.

Außerdem werden internationale Jugendbegegnungen – von Seiten der Sozialarbeit – auch als Flucht aus der nationalen Jugendarbeit kritisiert.

Aus den genannten Gründen ist es angebracht kritisch zu betrachten, welchen Beitrag internationale Jugendbegegnungen zur internationalen bzw. besseren Verständigung und gegenseitigem Lernen, der Kulturen untereinander, leisten können.

Die Zunahme von internationalen Jugendbegegnungen sollte im Umkehrschluß aber natürlich auch als Herausforderung angesehen werden, dem selbstgesetzten Anspruch im oben genannten Sinne gerecht zu werden.

Vorher gilt es aber erst einmal den Begriff des interkulturellen Lernens näher zu bestimmen. Dem werde ich im 3. Kapitel („Begriffliche Definition interkulturellen Lernens") nachkommen.

Welche theoretischen Aspekte in bezug auf interkulturelles Lernen alles eine Rolle spielen und deshalb beachtet werden müssen ist Gegenstand im 4. Kapitel („Theoretische Aspekte und Problemlagen, an denen Interkulturelles Lernen ansetzt"). So geht es unter anderem auch darum sich seiner eigenen Kultur – und was diese eigentlich alles beinhaltet, was sie ausmacht und was sie abgrenzt zu anderen Kulturen – bewußt zu werden.

Dies ist besonders für uns Deutsche eine heikle Angelegenheit, da wir aufgrund der Nazi-Vergangenheit ein gespaltenes Verhältnis zu unserer kulturellen Identität haben.

Bei einem Sprachkursaufenthalt in Frankreich erging es mir persönlich so (an dem die TeilnehmerInnen Lieder ihres Landes vortrugen), daß wir Deutsche als einzigste Gruppe nichts einbringen konnten, da uns kein Lied einfiel von dem wir den Text vollständig wußten.

Im folgenden werde ich näher auf die Gliederung meiner Diplomarbeit eingehen.

Grundsätzlich ist zu erkennen, daß die fortlaufende Bearbeitung meines Themas von einer eher theoretischen Auseinandersetzung hin zu einer praktischen Darstellung gelangt.

Das Kapitel „Jugend als Lebensphase" habe ich an den Anfang meiner Diplomarbeit gestellt, da ich mich in der anschließenden theoretischen Auseinandersetzung mit interkulturellem Lernen zum Teil auch auf Jugendliche beziehe und somit könnte es als eine Art Überbau gesehen werden, weil daß Thema „Jugend" den Kontext – bezüglich interkulturelles Lernen – darstellt.

Das ich mich, bei der theoretischen Auseinandersetzung sowie der praktischen Umsetzung bezüglich interkulturellem Lernen, weitestgehend nicht ausdrücklich auf Jugendliche beziehe, liegt an dem einfachen Grund, daß die einschlägige Literatur dies ebenfalls nicht explizit tut. Da es trotzdem ein Anliegen von mir ist, diesen wichtigen Aspekt aufzugreifen, werde ich an einigen Stellen mögliche jugendspezifische Themenstellungen vorschlagen.

Die weitere Bearbeitung setzt sich mit dem begrifflichen sowie theoretischen Inhalt interkulturellen Lernens auseinander. Mit dem 5. Kapitel tritt nun ein weiterer Punkt, nämlich den der „Begegnung" hinzu. Hier läßt sich der Übergang – konkret unter Punkt 5.2 („Alltag und Begegnung") – zum praktischen Teil meiner Diplomarbeit erkennen.

Im weiteren Verlauf geht es um praxisbezogene Überlegungen und Ansatzmöglichkeiten und im 8. Kapitel werde ich die näheren Ziele sowie u.a. exemplarisch eine Organisation der internationalen Jugendarbeit darstellen.

Um die, in den vorangegangenen Kapiteln erarbeiteten Erkenntnisse und ihre Umsetzung in konkrete Ansätze interkulturellen Lernens praxisnah aufzuzeigen, werde ich dies, in Kapitel 9 am Beispiel von workcamps, tun. Im Anhang habe ich zusätzlich ausführliches Anwendungsmaterial zur praktischen Umsetzung sowie einige nützliche Informationen zum Thema beigefügt.

Es dürfte aus dieser Darstellung bereits hervorgegangen sein, doch möchte ich hier noch einmal unterstreichen, daß diese Diplomarbeit ein Versuch ist Ansätze – und kein ausgearbeitetes Konzept – einer Pädagogik interkulturellen Lernens in internationalen Jugendbegegnungen, die im wesentlichen aus der Praxis entnommen sind, aufzuzeigen. In den einleitenden Worten des Kapitels 6. werde ich noch näher auf diesen Kontext eingehen. Zudem ist es mein Anliegen die theoretischen Zusammenhänge interkulturellen Lernens sowie die (institutionellen) Rahmenbedingungen, in denen es in dieser Diplomarbeit zu betrachten ist, darzulegen.

An dieser Stelle möchte ich noch ein paar Worte zu meiner Motivation, über dieses Thema zu schreiben, anfügen. Durch workcamps, aber auch durch andere Auslandserfahrungen wie Arbeitsaufenthalte, Sprachkurse oder Reisen, habe ich selbst diesen Bewußtseins- und Selbstreflexionsprozeß, auf den ich später noch näher eingehen werde, erlebt. Die Folge war bzw. ist, daß ich einen anderen, differenzierteren Blickwinkel bezüglich anderer Nationalitäten und Kulturen entwickelt habe und somit auch gegenüber den AusländerInnen und ihrer Situation hier in Deutschland.

Man lernt nachzuvollziehen wie sich AusländerInnen hier fühlen, die aus einer (ganz) anderen Kultur kommen und die deutsche Sprache nicht oder nur sehr schlecht beherrschen, wenn man sich selbst einmal in einer solchen Situation befunden hat.

Bevor ich nun inhaltlich fortfahre möchte ich noch auf eine Begrifflichkeit bezüglich meiner Schreibweise eingehen. Ich verwende die weiblichen und männlichen Formen von Substantiven, soweit beide Geschlechter betroffen sind, indem ein Begriff jeweils mit beiden Endungen versehen wird (z.B. AusländerInnen). Ebenso weist das Wort „jedeR" – das ich in dieser Form benutze – auf beide Geschlechter hin. Diese Schreibweise, die sich in den achtziger Jahren, innerhalb der politisch „Linken", z.B. der „tageszeitung" („taz") entwickelt hat, dürfte mittlerweile vielen bekannt sein.

2. Jugend als Lebensphase

Um Verhaltensweisen von Jugendlichen besser verstehen zu können, ist es notwendig sich bewußt zu werden, daß sie sich in einer besonderen Lebensphase befinden.

Es wird heutzutage kaum in Zweifel gezogen, daß es zwischen der Kindheit und dem Erwachsenenalter eine gesonderte Phase der Jugend gibt, die unter entwicklungspsychologischen (z.b. Identitätsfindung) und soziologischen Aspekten (gesellschaftliche Anforderungen, z.b. Berufswahl) zu betrachten ist.

Diese ist gekennzeichnet durch massive physische und psycho-soziale Veränderungen.

Der Begriff Pubertät verweist darauf, daß sich etwa zwischen dem 12. und 15. Lebensjahr starke Veränderungen der Körperformen vollziehen und zusammen mit dem Eintritt der Geschlechtsreife deutlich machen, daß die Phase der Kindheit zu Ende gegangen ist.

Gerade mit den körperlichen Veränderungen ergeben sich etliche Probleme für Jugendliche, die sie psychisch verarbeiten müssen:

- da sich das äußere Erscheinungsbild rasch ändert müssen sie ihr Selbstbild korrigieren. Dabei spielt der Vergleich mit Gleichaltrigen eine große Rolle;
- die einsetzenden sexuellen Bedürfnisse werfen die Frage auf, was erlaubt und was verboten ist;
- der Umgang mit der sprunghaft steigenden Körperkraft, besonders bei Jungen, muß gelernt werden;
- infolge ihres veränderten Erscheinungsbildes, vor allem bei Mädchen, werden sie verstärkt als Personen mit sexueller Ausstrahlung wahrgenommen und angesprochen.[1]

Zudem werden sie mit den gesellschaftlichen Erwartungshaltungen konfrontiert, wie z.B. den Ausbildungs- oder Berufseintritt und der ehelichen (aber auch nicht-ehelichen) Partnerschaft, welche die soziale Integration sichern soll.

Dies macht deutlich, daß die Heranwachsenden nicht nur lernen müssen mit ihren körperlichen Veränderungen umzugehen, sondern auch den sozialen Erwartungen der Gesellschaft entgegentreten müssen.

In der Phase der Adoleszenz (ein Synonym für Jugend) erfolgt eine innere Loslösung von den Eltern, hin zu mehr Autonomie, aus der sich eine „Anti-Hal-

---

[1] vgl. Tillmann, Klaus-Jürgen, Sozialisationstheorien, Reinbek 1993, S.191

tung" gegenüber den Eltern entwickeln kann, d.h. alles was von den Eltern kommt (Lebensstil, Einstellungen usw.) wird abgelehnt.

Diese Haltung muß vor dem Hintergrund der sich entwickelnden eigenen Identität der Jugendlichen betrachtet werden. Wie gut sich diese eigene Identität entwickelt und welche Störungen dabei auftreten können werde ich im nächsten Punkt behandeln.

Erikson, ein bedeutender Entwicklungspsychologe, sieht die Gewinnung der Identität gegenüber der drohenden Zerstückelung und Diffusion des Selbstbildes und des Selbstverständnisses als den zentralen Konflikt des Jugendalters an.[2]

Die Eingrenzung dieser Jugendzeit gestaltet sich als schwierig, denn während der Beginn mit dem Eintritt in die Pubertät festgelegt werden kann, ist ihr Ende weit weniger präzise.[3]

In erheblichem Maße ist dies von den individuell und gesellschaftlich bedingten Lebenslagen jedes einzelnen Jugendlichen abhängig. Sie kann mit aller Vorsicht und mit nur geringem Aussagewert so formuliert werden, daß die Phase bis 18 Jahre als Jugend oder Adoleszenz und die anschließende Phase bis 24 Jahre als Nach-Jugend oder Postadoleszenz bezeichnet wird.[4]

Bei diesen ganzen Aspekten ist zu berücksichtigen, daß schicht- (Ober-, Mitteloder Unterschicht) sowie geschlechtsspezifische (männlich oder weiblich) Unterschiede die Gestaltung und Entwicklung der Adoleszenzkrise, wie diese Phase auch genannt wird, zum Teil erheblich beeinflussen.

Da auch TeilnehmerInnen aus anderen Kulturkreisen an internationalen Jugendbegegnungen teilnehmen können stellt sich für mein Thema die interessante Frage nach der Sozialisation in anderen Kulturen – da doch fast alle Sozialisationstheorien von unserer „westlich-komplexen" und durch Arbeitsteilung geprägten Gesellschaft ausgehen.

Anhand der ländlichen Türkei, als Beispiel einer noch stärker traditionellen und vom Islam beeinflußten Gesellschaft, möchte ich auf Sozialisationsunterschiede zwischen sog. „modernen" und „traditionellen" Gesellschaften, aufmerksam machen.

Um den Begriff „Sozialisation" näher zu bestimmen, werde ich hier eine abgrenzende Formulierung, die aus dem „Handbuch für Sozialforschung" entnommen ist und „die als Konsens in der gegenwärtigen Sozialisationsforschung gelten kann", verwenden:

---

[2] vgl. Erikson, Erik H., Identität und Lebenszyklus, Frankfurt 1993, S.149
[3] vgl. Tillmann, a.a.O., S.192
[4] vgl. Hurrelmann, Rosewitz, Wolf, Lebensphase Jugend, Weinheim 1989, S.18

Sozialisation ist zu verstehen „als der Prozeß der Entstehung und Entwicklung der Persönlichkeit in wechselseitiger Abhängigkeit von der gesellschaftlich vermittelten sozialen und materiellen Umwelt. Vorrangig thematisch ist dabei..., wie sich der Mensch zu einem gesellschaftlich handlungsfähigen Subjekt bildet."[5]

2.1 Identitätsfindung

Mit Identität ist sowohl die Vorstellung die ich von mir selbst habe, als auch meine Vorstellung wie andere mich sehen, gemeint. Man besitzt Identität immer nur unter anderen, die diese auch anerkennen, d.h. alleine auf einer unbewohnten Insel hat man keine Identität.[6]

Die Phase der Pubertät ist mit der Suche nach Orientierung, mit Hilfe von Idolen und Idealen verbunden. Die Kindheitsidentifikationen reichen nicht mehr aus, es muß – auch aufgrund der körperlichen Entwicklung – eine neue, bessere Identität gefunden werden. *Erikson* nennt diese die Ich-Identität. Sie schließt aber die Kindheitsidentifikationen mit ein und kann als eine Synthese aller Kindheitsidentifikationen verstanden werden.[7]

Dies bedeutet aber nicht, daß die Identitätsbildung nur „mit der Adoleszenz beginne oder ende, sie ist vielmehr eine lebenslange Entwicklung", und somit nicht ein- für allemal erworben, sondern kann oder muß in Interaktionen immer wieder erneuert, erweitert oder unter Umständen zurückerobert werden.[8]

Jugendliche hinterfragen in dieser Phase das elterliche und gesellschaftliche Weltbild und reagieren mit Anpassung oder Protest, Verweigerung oder Zuwendung auf die Anforderung der Umwelt, erwachsen zu werden.

Die Weichen, ob sich eine Ich-Identität entwickelt oder nicht werden schon in den vorherigen Kindheitsphasen gestellt, wobei sich die Bildung eines „Urvertrauens" (nach *Erikson* die Phase des frühen Säuglingsalters) sicherlich sehr positiv auf die Entwicklung einer Ich-Identität auswirkt.

Der Mangel an Ich-Identität wird sehr oft durch „geliehene Identitäten" kompensiert, die i.d.R. einen gewissen Statuscharakter haben, wie z.B. ein schnelles Auto oder das Tragen gewisser Kleidung, die Anerkennung erzielen. Dies läßt aber nicht den Rückschluß zu, daß alle Personen die ein schnelles Auto fahren oder entsprechende Kleidung tragen „schwache" Persönlichkeiten sind.

Auf die soziologischen Aspekte möchte ich hier nur kurz eingehen.

---

[5] Geulen/Hurrelmann, in: Hurrelmann/Ulich (Hrsg.), Handbuch der Sozialisationsforschung, Weinheim 1980, S.51; nach: Tillmann, a.a.O., S.10
[6] vgl. Orban, Peter, Menschwerdung, Frankfurt 1986, S.103
[7] vgl. Erikson, a.a.O. S.138
[8] Erikson, a.a.O. S.140

Die gesellschaftlichen Veränderungen durch stetige Modernisierungsschübe konfrontieren die Jugendlichen mit immer größeren Problemen.

U. Beck spricht von der „Risikogesellschaft" und meint damit die Gefahren unserer individualisierten Gesellschaft.

Heitmeyer hat sich in seinen Untersuchungen – die sich mit der Situation Heranwachsender auseinandersetzt – auf die Entstehung von rechtsextremistischen Tendenzen bei Jugendlichen bezogen. Er zeigt auf, daß

- durch die Auflösung sozialer Milieus die Gruppenzugehörigkeit immer mehr in Frage gestellt wird,

- mit der Auflösung der jugendlichen Normalbiographie (viele bekommen keinen Ausbildungs- oder Arbeitsplatz) Desorientierungen und Statusängste verbunden sind,

- diese widersprüchlichen gesellschaftlichen Anforderungen (z.B. Leistung zu erbringen, aber keinen Ausbildungs- oder Arbeitsplatz zu finden) für viele Jugendliche mit Ohnmachtserfahrungen verbunden sind, die sich durch zunehmende Gewaltbereitschaft äußern kann.[9]

Dies trifft häufig auf Jugendliche aus der sozialen Unterschicht zu, da sie aufgrund schlechter Schulbildung besonders von Arbeitslosigkeit betroffen sind.

Diese Erfahrungen können dazu führen, daß die eigene Identität zugunsten einer kollektiven Identität / Rollenidentität aufgegeben wird, wie z.B. durch den Eintritt in eine (rechtsextreme) Gruppe, die ihnen in ihrer Situation scheinbare Sicherheit bietet.[10]

Bei der Betrachtung der Identitätsbildung muß ein Punkt besonders berücksichtigt werden, und zwar daß wir in einer patriarchal strukturierten Gesellschaft leben und die vorliegenden Sozialisationstheorien die gelungene Identität auch aus diesem Blickwinkel heraus beurteilen.

Von feministischen Forscherinnen wird denn auch kritisiert, daß die meisten Sozialisationstheoretiker die Autonomie als entscheidende(s) Entwicklungsrichtung und -ziel ansehen. Sie halten dagegen, daß Mädchen eine andere Entwicklung vollziehen, da sie sich aus der Identifizierung mit der Mutter nie ganz lösen würden. Darin sehen sie auch den Grund, daß sich Mädchen in ihrer Identitätsentwicklung eher an Bindung und Fürsorge orientieren als an Ablösung und Autonomie.

Und diese Orientierungen werden von den Autorinnen nicht mehr als Mangel einer ausgereiften Identität gesehen, sondern positiv bewertet als eine andere Lebenseinstellung und Handlungsorientierung.

---

[9] vgl. Heitmeyer, W., Rechtsextremistische Orientierungen bei Jugendlichen, Weinhein 1987, S.81; in: Tillmann, a.a.O., S.272

[10] vgl. Heitmeyer, a.a.O., S.93; in: Tillmann, a.a.O., S.272f

Es wird auch auf eine unterschiedliche Moralentwicklung zwischen Mädchen und Jungen hingewiesen, denn beide sprechen aufgrund ihrer verschiedenen Lebenswelten eine „andere Sprache". Mädchen entwickeln demnach mehr eine Ethik der Verbundenheit.[11]

Die Geschlechtsidentität ist natürlich auch ein sehr wichtiger und interessanter Aspekt, auf den ich im nächsten Punkt näher darauf eingehen werde.

Ich möchte noch darauf hinweisen, daß die heute vorliegenden Sozialisationstheorien zumeist im Bezugsrahmen von Einzelwissenschaften – „vor allem durch psychologische, psychoanalytische, sozialpsychologische, soziologische und linguistische Forschungen erarbeitet – noch immer recht unverbunden nebeneinander stehen."[12]

2.2 Geschlechterrollen

Wenn im Kontext gewöhnlich von männlich oder weiblich gesprochen wird, so geschieht dies recht unreflektiert.

Hierbei stellt sich mir die Frage, wie denn diese geschlechtsspezifischen Verhaltensweisen und Rollendefinitionen zustande kommen.

Noch zu Anfang dieses Jahrhunderts waren die biologischen Erklärungsmuster (*Moebius*, 1908, u.a.), die von angeborenen Unterschieden bezüglich Frauen und Männern ausgingen, weit verbreitet.[13] Doch haben psychologische und soziologische WissenschaftlerInnen in den vergangenen Jahrzehnten untersucht und nachgewiesen, daß der Sozialisationsprozeß – selbst schon unmittelbar nach der Geburt – das prägende Moment bezüglich des Geschlechtsrollenerwerbs einnimmt.

Allerdings sei darauf hingewiesen, daß die unterschiedlichen wissenschaftlichen Ansätze (soziologische und psychologische), einzeln genommen, letztendlich den Prozeß der Geschlechtsrollenentwicklung nicht ausreichend erklären können.[14]

Um die Theorie des Biologismus zu widerlegen, werde ich ein Beispiel aus den Forschungen von *Margaret Mead*, (1970) anfügen. Sie hat bei dem Stamm der Tchambuli (Südsee) festgestellt, daß die bei uns stereotypischen Geschlechterrollen dort genau anders herum zu finden sind:

---

[11] vgl. Chodorow, Nancy, Das Erbe der Mütter, Psychoanalyse und Soziologie der Geschlechter, München 1985; und Gilligan, Carol, Die andere Stimme. Lebenskonflikte und Moral der Frau, München 1984, S.211; in: Faulstich-Wieland, Hannelore, Weibliche Identität, Bielefeld 1989, S.15f
[12] Krappmann, L., Neuere Rollenkonzepte als Erklärungsmöglichkeit für Sozialisationsprozesse; in: betrifft: Erziehung, Familienerziehung, Sozialschicht und Schulerfolg, Weinheim 1971, S.161-183
[13] vgl. Henschel, Angelika, Geschlechtsspezifische Sozialisation, Mainz 1993, S.54
[14] vgl. Wirthensohn, M., Geschlechtsrollenorientierung in der späten Adoleszenz, Zürich 1987, S.33

„Für die Nahrung ist man von der Fischerei der Frauen abhängig. Männer fischen niemals – es sei denn, daß plötzlich Fischschwärme im See erscheinen. ...Das wichtigste Gewerbe, die Herstellung der Moskitosäcke... ‚betreiben ebenfalls nur die Frauen. ...Der Tschambuli-Mann fühlt sich mit seinen sorgfältig frisierten Locken, seinem Lendenschurz aus der muschelgeschmückten Haut von Riesenfledermäusen, seinem gezierten Gang und seinem selbstbewußten Ausdruck wie ein Schauspieler, der allerhand nette Rollen zu spielen hat. ...Die Männer sind zwar dem Namen nach Eigentümer der Häuser, sie sind Familienoberhaupt und sogar Eigentümer ihrer Frauen, aber die eigentliche Initiative und Macht liegt in den Händen der Frau...".[15]

Dieses Beispiel widerspricht dem Standpunkt, daß die geschlechtsspezifischen Verhaltensweisen – wie z.b. passiv, emotional, einfühlsam als weiblich und aggressiv, aktiv, rational als männlich – geschlechtsbedingt, also angeboren seien.

In der Praxis wurde immer wieder festgestellt, daß sich Kinder auch aufgrund ihrer Erfahrungen durch Beobachtung geschlechtsspezifische Verhaltensweisen zu eigen machen. Dies geschieht besonders dann, wenn dieses Verhalten mit bestimmten Attraktionen, wie z.b. Macht oder Status, verbunden ist.[16]

Auf diese Thematik gehe ich hier nicht weiter ein, werde aber noch kurz einen anderen Punkt anführen, nämlich den, daß mit der Geschlechterrolle auch festgelegt wird, wer sich um die Erwerbsarbeit und wer sich um die Reproduktion der Gesellschaft kümmert. Obwohl sich die traditionellen Rollenfunktionen von Männern und Frauen seit den siebziger Jahren aufgeweicht haben, ist es heute immer noch so, daß die Hausarbeiten und die Erziehung der Kinder weitestgehend von den Frauen geleistet werden.

Für interessant halte ich außerdem die Geschlechtsrollenorientierung im Zusammenhang mit der Bildung. Bei einer Studie (*Hille*, 1976) wurden nur Schülerinnen im Alter von 16 Jahren befragt.

Schülerinnen mit höherer Schulbildung wiesen eine liberalere Geschlechtsrollenorientierung auf; Hauptschülerinnen dagegen eine ausgeprägte traditionelle Vorstellung. Realschülerinnen lagen mit ihrer Position dazwischen.[17]

Jetzt stellt sich natürlich die Relevanz dieses Themas für die Jugendarbeit. Es geht dabei um die Frage der Koedukation oder des getrenntgeschlechtlichen Arbeitens mit Jugendlichen. Die Ansichten darüber haben sich geändert, denn noch in den siebziger Jahren war man von der Koedukation überzeugt. Doch mit dem Aufkommen der Frauenbewegung kam man zu der Überzeugung, daß

---

[15] M. Mead, Jugend und Sexualität in primitiven Gesellschaften, Bd. 3, München 1970, S.220-232; in: Tillmann, a.a.O., S.44
[16] vgl. Greenglass, E.R., Geschlechterrolle als Schicksal, Stuttgart 1986, S.66-79; in: Henschel, Angelika, Geschlechtsspezifische Sozialisation, Mainz 1993, S.60
[17] vgl. Wirthensohn, a.a.O., S.80

mit den Mädchen getrennt gearbeitet werden müsse und folglich entwickelte sich die Mädchenarbeit. Es geht darum den Mädchen die Möglichkeit zu geben unter sich über ihre Ängste und Sorgen zu sprechen, mit der Absicht sie zu stärken und sicherlich auch das traditionelle Rollenverhalten der Frauen zu hinterfragen.

Erst in den letzten Jahren ist man zu der Erkenntnis gekommen, daß auch die Jungen, die eher bevorteilt werden, ebenso Ängste und Nöte aushalten und unter einem Erwartungs- und Leistungsdruck stehen. *Dieter Schnack* und *Rainer Neutzling* haben das in ihrem Buch „Kleine Helden in Not" (1990) sehr gut aufgezeigt.

Als Folge wird heutzutage mit Kindern und Jugendlichen sowohl jungen- als auch mädchenspezifische Arbeit geleistet.

Es geht aber nicht darum, daß möchte ich klar herausstellen, daß das Leid der Jungen mit dem Leid der Mädchen gegeneinander aufgerechnet werden soll, sondern darum den Druck und die Defizite, die beide Geschlechter ertragen müssen bzw. haben, von ihnen zu nehmen bzw. aufzuarbeiten.

Um noch einmal zurückzukommen auf die Frage der Koedukation, erwähne ich hier neuere Ansätze, in der außerschulischen Jugendarbeit, die über eine vorherige getrennte Mädchen- und Jungenarbeit hin zur Koedukation führen.

Ich selbst habe diesbezüglich keine Erfahrungen gemacht, doch scheint es mir ein guter Weg zu sein, über die getrenntgeschlechtliche Aufarbeitung der Rollenerwartungen von Mädchen und Jungen hin zu einem gemeinsamen „arbeiten" zu gelangen.

Über die nationale Jugendarbeit hinausgehend wäre dies auch eine Anregung für den Bereich internationaler Jugendbegegnungen. In diesen könnte in einem interkulturellen Rahmen sowohl Mädchen- und Jungenarbeit stattfinden, die entweder nur Jungen- oder Mädchenbegegnungen sind oder in der Form, daß Mädchen wie Jungen an diesen Begegnungen teilnehmen. Bei den letztgenannten könnten in den ersten Tagen getrennte Gruppen von Jungen und Mädchen gebildet werden und in den letzten Tagen, je nach Interesse der TeilnehmerInnen, beide Geschlechter sich zusammenfinden.

Aber darüber hinaus ist es durchaus angebracht bei internationalen Jugendbegegnungen, die nicht Jungen- oder Mädchenarbeit zum Gegenstand haben, die typischen Geschlechtsrollenerwartungen (z.B. bei den Hausarbeiten, die während der Jugendbegegnung anfallen) zu thematisieren.

2.3 Sexualität

Mit dem Beginn der Geschlechtsreife wird die sexuelle Neugier erheblich verstärkt und somit setzt auch das Interesse am anderen Geschlecht ein.

Diese ganz neuen Gefühle, aber auch die neue Denkweise, bringen sowohl Änderungen für das eigene Selbstbild als auch für zwischenmenschliche Beziehungen mit sich, die der/die Heranwachsende in einer Lebensphase bewältigen muß, in der er/sie mit der Schul- und Berufsausbildung den Grundstein für sein weiteres Leben setzt – denn im Gegensatz zum Beginn dieses Jahrhunderts, tritt die Geschlechtsreife heutzutage früher ein.

Zusammen mit der sozialen Unreife läßt dieser Aspekt die jugendliche Sexualität, die eben auch zur Schwangerschaft führen kann, als problematisch erscheinen.[18]

In dieser Phase werden die körperlichen Veränderungen genauestens beobachtet, für Jungen ist das Wachstum und die Beschaffenheit ihres Gliedes, für Mädchen die Entwicklung ihrer Brüste von besonderem Interesse. Sie sind sehr besorgt wenn es auch nur vermeintliche Abweichungen oder eine Verzögerung in ihrer körperlichen Entwicklung gibt. Es ist aber ganz normal, daß Zeitpunkt und Fortschreiten des Reifens sehr verschieden sein können und deshalb nicht beunruhigend sein müssen.

Es entstehen bei Jugendlichen reale Ängste, wenn ihre vermeintlichen Anomalien, z.B. beim Tragen enger Kleidung oder beim gemeinsamen duschen, nicht zu verbergen sind.[19]

Sexuelle Erkundungen werden oftmals auch in gleichgeschlechtlichen Gruppen gemacht, wobei dies (lt. Studien) bei Jungen häufiger der Fall ist als bei Mädchen. Es kann aber auch zutreffen, daß Mädchen es eher verschweigen; sie betreiben gleichgeschlechtliche Aktivitäten gewöhnlich eher zu zweit. Bei Jungen hingegen eher in kleinen Gruppen, wobei die Geschlechtsorgane gegenseitig gezeigt werden und auch zusammen masturbiert wird. Dies hat aber nichts mit Homosexualität zu tun, sondern mit Neugier und einer gewissen Lustbegierde.[20]

Psychoanalytische WissenschaftlerInnen sehen diese gleichgeschlechtlichen Handlungen sogar als „notwendige Voraussetzung für die erfolgreiche Aufnahme und Aufrechterhaltung" einer reifen Liebesbeziehung an.[21]

Die gegenseitige Anziehung der Geschlechter bedingt das Verlangen nach Kontaktaufnahme, die in der Anfangsphase der Pubertät durch gegenseitiges Necken oder kleinere Sticheleien und im weiteren Verlauf mit konkreteren Annäherungsversuchen verbunden ist.

Mädchen wie Jungen legen auf einmal sehr viel Wert auf ihr äußeres Erscheinungsbild, wobei Mädchen schon vorher mehr als Jungen darauf geachtet haben. Die Körperpflege gewinnt jetzt an Wichtigkeit und es wird darauf geachtet

---

[18] vgl. Esser Mittag, Judith, Jugendsexualität heute, Weinheim 1994, S.61
[19] vgl. ebd., S.13ff
[20] vgl. ebd., S.68
[21] ebd., S.68

welche Kleidung man trägt, denn es gilt ja schließlich beim anderen Geschlecht „anzukommen".

Gleichzeitig werden aber auch die stereotypisch-geschlechtsspezifischen Verhaltensweisen erlernt, welche bei Jungen oftmals mit Imponiergehabe, „coolen" Sprüchen oder Draufgängertum verbunden sind. Bei Mädchen sind diese ebenfalls durch Imponieren wollen und durch attraktives Aussehen verbunden.

Zudem eignen sie sich das typische Sozialverhalten an, das die Jungen in eine aktive, auf die Mädchen zugehende Rolle und die Mädchen in eine passive, abwartende Rolle drängt.

Diese Rollenerwartungen lösen bei ihnen natürlich nicht immer nur Zufriedenheit aus, sondern werden oftmals auch als störend und unangenehm empfunden. Nach einer Studie von 1990[22] ergreifen Mädchen jedoch heute viel eher die Initiative in sexuellen Beziehungen als dies noch vor 25 Jahren der Fall war.

Demnach stehen bei den Jungen auch nicht mehr nur ihre Potenz und das Durchsetzen ihrer eigenen Vorstellungen im Vordergrund, sondern beiderseitiges Vergnügen und Kompetenz zeigen.

Bei dieser Untersuchung wurde auch auf Unterschiede bezüglich der Schulbildung geachtet, jedoch nur in bezug auf Mädchen, über Jungen liegen leider keine Ergebnisse vor.

Dazu kann gesagt werden, daß das Sexualverhalten der sechzehn- bis siebzehnjährigen generell recht homogen ist.

Nennenswerte Unterschiede gab es bezüglich des ersten Geschlechtsverkehrs, welcher bei Haupt- und Realschülerinnen etwas früher stattfindet und diese gegenüber Mädchen mit höherer Schulbildung mehr Erfahrung mit Petting und Geschlechtsverkehr aufweisen. Auch seien „Mädchen, die das Abitur anstreben, heute im Vergleich zu früher (Studie von 1970) eher sexuell unerfahren und bestehen mit mehr Nachdruck als andere auf der Überzeugung, daß Sex ohne Liebe nicht möglich ist."[23]

Ein sehr wichtiger Punkt, welcher rechtzeitig erfolgen muß um eine Schwangerschaft zu vermeiden, ist der, der Aufklärung bzw. Information bezüglich Verhütungsmethoden. Dies kann unterschiedlich erfolgen – z.B. gibt es hierüber bei „pro familia" oder anderen Anlaufstellen für Jugendliche Informationsmaterial – und sollte durchaus Bestandteil der außerschulischen Jugendarbeit sein.

---

[22] vgl. ebd., S.76
[23] ebd., S.82

2.4 Sozialisation in anderen Kulturen

Wie schon in Kapitel 2. („Jugend als Lebensphase") erwähnt, möchte ich hier die Sozialisation, exemplarisch anhand der ländlichen Gesellschaftsstruktur der Türkei, aufzeigen.

Natürlich kann die Sozialisation in der ländlichen Türkei nur ein Beispiel sein, denn sie ist in ihren historischen und religiösen Zusammenhängen zu betrachten und somit nicht auf andere Kulturen übertragbar. Doch kann sie meiner Meinung nach gewisse Werte und Zusammenhänge aufzeigen, die in vielen traditionellen Gesellschaften – die in anderen Kontinenten (Asien, Afrika und Lateinamerika) noch „tiefe Wurzeln" haben – zu finden sind. Dies ist auch mein Anliegen, denn es geht mir darum, beispielhaft aufzuzeigen wie die Sozialisation in noch mehr traditionellen Gesellschaften aussehen kann.

Die ersten Jahre bis zum Schuleintritt verbringen die Kinder zu hause, denn in der Großfamilie und der Nachbarschaft ist immer jemand für sie da. Somit vollzieht sich die Sozialisation in den ersten Jahren innerhalb der Familie.

Die Familie nimmt in der traditionellen türkisch-islamischen Gesellschaft eine wichtige Funktion ein, denn sie ist zentraler Ort sozialen Zusammenlebens und gibt Sicherheit für den Einzelnen, aber gleichzeitig wird auch die Rolle vorgegeben, die er/sie in der Familie einzunehmen hat. Dabei gilt der Mann als Versorger und Oberhaupt der Familie.

Die Toleranz der Eltern gegenüber den Kleinkindern ist recht groß. Mit zunehmenden Alter werden sie aber in die innerfamiliären Normen eingebunden. So müssen die Kinder schweigen wenn sich Erwachsene unterhalten, gegenüber den Älteren muß Respekt gezeigt werden und ihnen darf nicht widersprochen werden. Die Achtung vor Älteren und allgemein vor Autoritäten ist generell ein wichtiges Erziehungsziel.[24]

Da der Vater die dominierende Rolle in der Familie spielt, ist respektvolles Verhalten ihm gegenüber eine Selbstverständlichkeit.

Die geschlechtsspezifische Erziehung setzt bei den Mädchen erkennbar mit 3 Jahren ein – sie werden jetzt zu Gehorsam erzogen und müssen langsam bei der Hausarbeit mithelfen.[25]

Im Gegensatz zu den Mädchen werden die Jungen erst im Alter von fünf bis sechs Jahren zu landwirtschaftlichen und handwerklichen Tätigkeiten herange-

---

[24] vgl. Göpel/Oelschlegel, Jugendarbeit mit türkischen Mädchen, Berlin 1985, & Abadam-Unat, N., Die Frau in der türkischen Gesellschaft, Frankfurt/M. 1985; in: Böhme, W., Sozialisationsunterschiede bei dt. und ausländischen Kindern und Jugendlichen und ihre integrationshemmenden Wirkungen innerhalb der dt. Gesellschaft, Diplomarbeit, Fachbereich Sozialarbeit, FH Ffm, SS 1991, S.14ff

[25] vgl. Göpel/Oelschlegel, a.a.O.; & Abadam-Unat, a.a.O., in: Böhme, W., a.a.O., S.14

zogen. In diesem Alter werden sie in die „Männerwelt" eingeführt und unter die Obhut des Vaters gestellt.[26]

Die Mädchen müssen sich nicht nur dem Vater, sondern auch den Brüdern unterordnen.

Im Umgang mit Nacktheit besteht ebenfalls ein großer Unterschied. Während dies bei Jungen geduldet wird, kommt es bei zufälligen Enthüllungen des Körpers bei Mädchen zu Sanktionen. Später müssen alle Frauen Arme, Beine und Haare bedecken.[27]

Mit Beginn der Geschlechtsreife sehen sich die Mädchen mit großen Ängsten und strengen Vorsichtsmaßnahmen seitens der Eltern konfrontiert, denn es ist Gebot, daß die Frauen jungfräulich in die Ehe gehen. Es kommt in der ländlichen Türkei nicht selten vor, daß Mädchen ihre Schulbildung abbrechen müssen, weil die Eltern Angst haben, daß ihre Tochter auf dem Schulweg von Jungen belästigt oder sogar verführt werden könnte.[28]

Der Verlust der Jungfräulichkeit bedeutet nämlich zugleich Schande und Entehrung für die ganze Familie. Wenn dies der Fall ist, kann der Ehemann seine Frau verstoßen und ihre Familie wird sie ebenfalls dafür bestrafen.

Deshalb vergrößert sich auch mit dem Eintritt in die Pubertät die Kluft zwischen Jungen und Mädchen. Den Mädchen ist der Umgang mit Jungen streng untersagt und auch in der Schule wird auf geschlechtshomogene Klassen geachtet.

Männer zeigen keine Schwächen, auch nicht dem Vater gegenüber – selbst wenn es sich um persönliche Notlagen handelt – denn dies gilt als ehrverletzend, weil der Vater dann nicht mehr stolz auf seine Söhne sein kann.[29]

An dieser Stelle möchte ich meine Ausführungen bezüglich dieses Aspektes beenden, da ich das Wesentliche – für den Kontext dieser Diplomarbeit – aufgezeigt habe. Zu erwähnen ist noch, daß die Denk- und Lebensweisen in den Großstädten der Türkei nicht mehr so traditionsgebunden sind wie auf dem Lande – aber dies dürfte in allen Ländern genauso sein. In etwas abgeschwächter Form können wir das auch in Deutschland beobachten.

Ich habe diesen Aspekt mit einbezogen, um zu zeigen, daß die TeilnehmerInnen internationaler Jugendbegegnungen, die nicht der westlich-industrialisierten Kultur angehören, also aus traditionellen Kulturkreisen stammen, mit ganz anderen Werten, Normen und Orientierungen ausgestattet sind.

---

[26] vgl. Heidarpur-Ghazwini, A., Kulturkonflikt und Sexualentwicklung, Frankfurt 1986, S.161f
[27] vgl. Böhme, W., a.a.O., S.15
[28] vgl. Heidarpur-Ghazwini, a.a.O., S.105ff
[29] vgl. Schiffhauer, W., Die Gewalt der Ehre, Frankfurt 1983; in: Böhme, a.a.O., S.12f

Dabei ist deutlich hervorzuheben, daß in vielen traditionellen Gesellschaften älteren Menschen, den Eltern sowie auch anderen Autoritäten ein besonderer Respekt entgegengebracht wird. Da wir heute weltweit in patriarchal-beherrschten Gesellschaften leben und dies in traditionellen Kulturen noch ausgeprägter zum Vorschein kommen kann, als in unseren „modernen" Gesellschaften, kann das Geschlechterverhältnis ebenfalls ein anderes sein – hier muß allerdings der jeweilige religiöse Hintergrund beachtet werden. Wie dies beispielsweise aussehen kann, habe ich oben ausgeführt.

Dies sollte berücksichtigt werden und es läßt sich gut vorstellen, daß manche TeilnehmerInnen einen Kulturschock erleben, da sie mit ganz anderen Werten und Normen konfrontiert werden, wenn sie an einer internationalen Begegnung in einem Land, das einem ganz anderen Kulturkreis angehört, teilnehmen.

3. Begriffliche Definition interkulturellen Lernens

3.1 Der Begriff „Interkulturelles Lernen"

Es gibt keine festumrissene Definition was den Begriff „Interkulturelles Lernen" angeht.

„Interkulturelles Lernen unterscheidet sich, nach *Breitenbach,* in seinen allgemeinen Mechanismen und Abläufen in keiner Weise von Lernprozessen innerhalb der eigenen Kultur."[30] Somit ist interkulturelles Lernen „eine Form sozialen Lernens, das durch die Erfahrung kultureller Unterschiede und in Form kultureller Vergleiche sowohl zu einer genaueren Analyse und Relativierung der eigenen kulturellen Normen und Sozialsysteme als auch zum Abbau kultureller (nationaler) Vorurteile führt. Voraussetzung dafür ist, daß es zu Metakommunikation über kulturelle Normen und Unterschiede kommt."[31]

Der Begriff hat sich im Zuge der durch Arbeitsemigration entwickelten multikulturellen Gesellschaften (Multikulturalismus) und den daraus entstandenen Problemen zwischen der seßhaften Kultur und den fremden Kulturen herausgebildet. So wird interkulturelles Lernen auch hauptsächlich mit der interkulturellen Pädagogik – die sich in den achtziger Jahren aus der „Ausländerpädagogik" entwickelt hat – in Verbindung gebracht.

Interkulturelles Lernen bedeutet „Lernen zwischen Kulturen" und beinhaltet daher das Lernen

- über andere Kulturen,
- über die eigene Kultur und
- über die Begegnung und den Umgang verschiedener Kulturen miteinander.

Unter dem Begriff „Interkulturelles Lernen" sind die unterschiedlichsten Konzeptionen und Themenfelder der Methodik und Didaktik zusammengefaßt. Wie schon erwähnt sind Ansätze der „Ausländerpädagogik", aber auch der Austauschforschung, der „Entwicklungsdidaktik" sowie der europäischen Jugendarbeit (hier sei besonders das Deutsch-Französische Jugendwerk – DFJW – erwähnt, das seit seiner Gründung 1963 Pionierarbeit im Bereich interkulturelles Lernen leistet) enthalten.[32]

---

[30] Breitenbach, D., Kommunikationsbarrieren in der internationalen Jugendarbeit, Bd. 1, Saarbrücken 1979, S.11
[31] Breitenbach, Dieter; nach: Faltprospekt über Interkulturelles Lernen des Cfd (Christlicher Friedensdienst); in: Döbrich/Kodron, Interkulturelles Lernen in internationalen Jugendbegegnungen, Frankfurt 1986, S.11
[32] vgl. Otten/Treuheit (Hg.), Interkulturelles Lernen in Theorie und Praxis, Opladen 1994, S.31

Es verbergen sich aber auch unterschiedliche Traditionen hinter den Konzeptionen. So werden die „Ausländerpädagogik" und die „Entwicklungsdidaktik" von gesellschaftlichen Initiativgruppen getragen, während die Austauschforschung und europäische Jugendarbeit auf offiziellen politisch-programmatischen Zielsetzungen basieren, die sich um Völkerverständigung bemühen und über ganz andere Rahmenbedingungen, wie beispielsweise über größere finanzielle Mittel, verfügen.[33]

Inhaltlich geht es beim interkulturellen Lernen nicht um Informationsvermittlung bzw. Anpassung an die Mehrheitskultur, wie es im Konzept der „Ausländerpädagogik" praktiziert wurde, sondern um einen wechselseitigen Prozeß des Lernens in Form von Interaktion. Es geht um die Begegnung von gleichwertigen PartnerInnen (vgl. Punkt 5.1 „Voraussetzungen und Kriterien für Begegnungen,,) – aus unterschiedlicher nationaler, ethnischer und religiöser Herkunft – und setzt in der Auseinandersetzung mit fremden Kulturen eine Reflexion über die eigene, historisch gewachsene Kultur in Gang.[34]

3.2 Begriffliche Abgrenzung von „interkulturell" und „multikulturell"

Der Begriff „multikulturell" ist mittlerweile weit verbreitet (z.B. im Zusammenhang mit „multikulturelle Gesellschaft" oder auch mit dem „Amt für multikulturelle Angelegenheiten" in Frankfurt, daß vielen inzwischen bekannt sein dürfte). Seine Bedeutung und die Abgrenzung zu dem Begriff „interkulturell" sind aber weit weniger bekannt.

Im deutschen Sprachgebrauch werden diese beiden Begriffe auch synonym verwendet, im Unterschied zum angloamerikanischen und frankophonen Sprachraum.

Trotz der nicht eindeutigen Trennschärfe wird mit „multikulturell" (multi = viele) eher die Kennzeichnung des bloßen Nebeneinander, der Koexistenz der verschiedenen Kulturen ausgedrückt, also eine Zustandsbeschreibung gegeben.[35]

Der Terminus „interkulturell" hingegen impliziert Interaktionen zwischen den verschiedenen ethnischen Minderheiten/Kulturen unserer Gesellschaft, die Bezugnahme aufeinander ist damit gemeint, und es stellt eine Methode sowie auch eine Handlungsperspektive dar.[36]

---

[33] vgl. ebd., S.31
[34] vgl. ebd., S. 32
[35] vgl. Porcher, L. in: Reich/Wittek (Hg.), Migration, Bildungspolitik, Pädagogik, Essen S.35ff; nach: Auernheimer, G., Einführung in die interkulturelle Erziehung, Darmstadt 1990, S.3
[36] vgl. Rey-von Allmen 1991, S.156; in: Hinz-Rommel, W., Interkulturelle Kompetenz, Münster 1994, S.32

Im deutschen Sprachraum werden die beiden Begriffe hauptsächlich im Kontext von interkultureller Erziehung, interkultureller Kommunikation, interkulturellem Lernen oder multikulturelle Gesellschaft, Multikulturalismus benutzt.

Autoren die von multikultureller Erziehung sprechen, leiten diese Version vom Englischen ab, da man dort von „multicultural education" spricht.

Letztendlich kommt es aber immer auf die inhaltlichen Konzepte an, die unter diesen beiden Begriffen verwendet werden.

4. Theoretische Aspekte und Problemlagen, an denen Interkulturelles Lernen ansetzt

In diesem Kapitel werde ich, wie der Titel schon sagt, verschiedene theoretische Aspekte und Problemlagen darstellen, die im Kontext interkulturellen Lernens eine Rolle spielen. Den Begriff „Aspekte" habe ich deshalb gewählt, weil es hierbei nicht darum geht eine systematisch-ausgearbeitete Theorie interkulturellen Lernens aufzustellen, die es in Form „eines fest umrissenen wissenschaftlichen Untersuchungsgegenstandes nicht gibt"[37] und folglich von mir auch nicht dargestellt werden kann.

Zu dem Begriff „Problemlagen" bin ich deshalb gekommen, weil es sich bei den meisten, aber nicht bei allen, hier angeführten theoretischen Aspekten hauptsächlich um kultur- und sozialisationsbedingte Sichtweisen und Einstellungen von Menschen geht, die bezüglich interkulturellen Lernens als Hindernisse und somit als störend anzusehen sind.

Desweiteren sei erwähnt, daß aufgrund meiner Darstellung, in Form von verschiedenen Aspekten, auch kein systematischer Zusammenhang der einzelnen Punkte untereinander besteht. Das heißt aber nicht, daß der Aufbau dieses Kapitels keine Systematik hätte.

Darüber hinaus habe ich noch Punkte angefügt, die mit „Exkurs" gekennzeichnet sind, da sie systematisch gesehen nicht zu diesem Kapitel gehören, weil sie eine Anregung und somit ein Vorschlag darstellen, wie mit dem entsprechenden Aspekt umgegangen werden kann. Der Grund, warum ich sie hier aber dennoch anführe, liegt darin, daß sie thematisch zu den jeweiligen Problemlagen gehören und sie deshalb meines Erachtens an dieser Stelle durchaus angebracht werden können.

Inhaltlich geht es in den einzelnen Punkten unter anderem darum, die unbewußten Mechanismen und Zusammenhänge unserer Einstellungen, Bewertungen sowie unseres Handelns in der Begegnung mit Menschen anderer Kulturen deutlich zu machen und somit einen Bewußtseins- und Selbstreflexionsprozeß in Gang zu setzen.

Als wichtiger Hinweis möchte ich noch erwähnen, daß ich bei dieser Darstellung keinen Anspruch auf Vollständigkeit erhebe.

---

[37] Otten/Treuheit, a.a.O., S.31

4.1 Kultur

4.1.1 Zum Kulturbegriff

Unter dem gewöhnlichen Kulturbegriff wird meist bildende Kunst, Theater, Musik, Architektur etc. verstanden. Zum Verständnis des interkulturellen Lernens hingegen reicht diese Definition nicht aus, wir gehen von einem erweiterten Kulturbegriff aus.

Kultur ist alles, was von Menschen geschaffen wurde, in Abgrenzung zur Natur. Man könnte auch von Kultur als „angeeigneter" (kultivierter) Natur sprechen.

Das *Centre for Contemporary Cultural Studies (CCCS)* der Universität Birmingham hat einen umfassenden und weit verbreiteten Kuturbegriff entwickelt: „die Kultur einer Gruppe oder Klasse umfaßt die besondere und distinkte Lebensweise dieser Gruppe, oder Klasse, die Bedeutungen, Werte und Ideen, wie sie in den Institutionen, in den gesellschaftlichen Beziehungen, in Glaubenssystemen, in Sitten und Bräuchen, im Gebrauch der Objekte und im materiellen Leben verkörpert sind."[38]

Kultur umfaßt demnach Sprache, moralische Normen, Religion usw., also alle geistigen, künstlerischen und sozialen Lebensäußerungen einer Gemeinschaft. Die Angehörigen einer Kultur verbindet, daß sie die Bedeutungen dieser Symbole kennen und somit ihr Handeln danach ausrichten. *Auernheimer* bezeichnet deshalb Kultur als ein gemeinsames Repertoire an Symbolbedeutungen oder Kommunikations- und Repräsentationsmitteln.[39]

Kultur darf aber nicht als ein statisches System verstanden werden. Sie ist prozeßhaft, d.h. sie wandelt sich ständig und ist nie abgeschlossen, denn sie muß sich den sich ändernden gesellschaftlichen Bedingungen, den Produktionsverhältnissen und der gesamten Lebenspraxis anpassen.[40]

Anhand dem wiedervereinigten Deutschland läßt sich dies gut nachvollziehen, denn trotz der gemeinsamen Traditionen haben sich aufgrund politischer und wirtschaftlicher Differenzen unterschiedliche kulturelle Entwicklungen in Ost- und Westdeutschland ergeben, die (manchmal) ein gegenseitiges Gefühl von Fremdheit entstehen lassen.

Daraus erkennen wir aber auch, daß kulturelle Vielfalt selbst unter den Deutschen bekannt ist. So sind die historisch gewachsenen, regionalen Unterschiede, z.B. zwischen den Bayern und den Ostfriesen, nicht zu unterschätzen. Aber auch in den verschiedenen Subkulturen, wie den Heimatvertriebenen, den

---

[38] Kalpaka/Räthzel (Hg.), Die Schwierigkeit nicht rassistisch zu sein, Leer 1990, S.46f
[39] vgl. Auernheimer, a.a.O., S.112
[40] vgl. Amt für Multikulturelle Angelegenheiten der Stadt Frankfurt/M, Handbuch für interkulturelles Kommunikationstraining, Frankfurt 1993, S.22

christlichen Gemeinschaften, den Punks, den Yuppies usw., kommt die kulturelle Vielfalt zum Ausdruck.

4.1.2 Enkulturation

Da jeder Mensch, wie oben ausgeführt, innerhalb einer Kultur lebt ist er auch von ihr – neben den Eltern und der Gesellschaft – geprägt. Dadurch, daß die Eltern und Mitmenschen die Werte und Normen der eigenen Kultur repräsentieren, geben sie diese auch automatisch an ihre Kinder weiter. Diesen Prozeß des Erlernens der kulturspezifischen Eingliederung in die Gesellschaft nennt man Enkulturation.[41]

W. Loch zeigt in Verbindung mit Enkulturation vier Schritte auf, die dabei ablaufen bzw. ablaufen müssen: ***Produktivität, Anpassung, Prägung*** und ***Denken.***

Anpassung wird hier im Sinne von Sichzurechtfinden verstanden und diese setzt voraus, daß sich der Mensch die kulturspezifischen Inhalte durch sein Handeln aneignen kann.[42]

„Das Verhältnis der Begriffe *Anpassung* und *Prägung* ist so zu denken, daß beide nur zwei Seiten des gleichen Lernprozesses der Kulturaneignung sind:

- *Anpassung* bezeichnet dabei die Leistung des Menschen bei der Übernahme des Kulturgebildes als Lebensform;

- *Prägung* (ist) die Leistung des Kulturgebildes bei seiner Übernahme durch den Menschen."[43]

Da jedes Kulturgebilde eine „geistige Tätigkeit (im Menschen) hervorruft und das es umgekehrt auch keine geistige Tätigkeit gibt, der nicht ein Kulturgebilde als ihre sichtbare Verkörperung... entspricht", wird das *Denken* im handeln des Menschen mit einbezogen.[44]

Mit *Produktivität* ist der Prozeß einer ständigen Veränderung der Kultur (wie ich sie in Punkt 4.1.1 „Zum Kulturbegriff" aufgezeigt habe) gemeint.

4.1.3 Ethnozentrismus, Kulturrelativismus und Universalismus

Wir haben unsere kulturellen Werte, Normen und Verhaltensweisen aufgenommen, so daß sie für uns etwas selbstverständliches und universelles darstellen

---

[41] vgl. Rademacher, H., Spielend interkulturell lernen?, Berlin 1991, S.22
[42] vgl. Loch, W., Enkulturation als anthropologischer Grundbegriff der Pädagogik; in: Weber, E. (Hrsg.), Der Erziehungs- und Bildungsbegriff im 20. Jahrhundert, Bad Heilbrunn/Obb. 1972, S.124f; nach: Fuß, M., Interkulturelles Lernen im nichtkommerziellen Jugendtourismus, Dortmund 1989, S.20
[43] Loch, W.; in: ebd.; nach ebd., S.20
[44] Loch, W.; in: ebd.; nach ebd., S.20

und uns nicht besonders bewußt sind. Deshalb stellen wir unbewußt die eigene Kultur in den Mittelpunkt und betrachten sowie bewerten die anderen Kulturen aus unserem Blickwinkel heraus. Damit einher geht die Einstellung, daß die eigene Kultur als die überlegene und bessere angesehen wird. Dieses Phänomen wird als Ethnozentrismus bezeichnet und ist nicht nur auf die westlichen Gesellschaften beschränkt.[45] Jedoch weist er besonders in diesen Gesellschaften einen aktivistischen, eroberungslustigen Aspekt auf.

Es gibt aber auch den Terminus Eurozentrismus, der die kulturellen Maßstäbe wie Rationalität, Effektivität, Freiheit des Individuums, Fortschritt etc. der „westlichen Welt" (Europa und Nordamerika, letztere ist aus europäischen Kulturen entstanden) als das Maß aller Dinge bewertet. Andere Kulturen werden demnach nicht nur als anders, sondern als rückständiger und unterhalb des westlichen Entwicklungsniveaus bewertet. Die Begriffe „Entwicklungsland" oder „Dritte Welt" (obwohl es in Wirklichkeit nur „Eine Welt" gibt) bringt dies ganz deutlich zum Ausdruck.[46]

In diesem Zusammenhang sei ebenfalls darauf hingewiesen, daß sich die meisten „westlichen Wissenschaften" des Vorwurfs des Ethno- bzw. Eurozentrismus gefallen lassen müssen und selbst die Disziplin der Ethnologie sich selten dem Einfluß dieser Haltung entziehen kann.[47]

Eine ethnozentrische Haltung stellt natürlich ein Hindernis im Kontext der interkulturellen Verständigung dar; andererseits ist sie aber auch ein notwendiger Bestandteil kultureller Zugehörigkeit.

Hier muß also ein Bewußtwerdungsprozeß, der deutlich macht was und wie wir kulturell geworden sind, stattfinden. Wir müssen begreifen in welcher Art und Weise der Blick auf den Fremden durch die eigene kulturelle Brille geformt ist. Erst dann ist es möglich die eigene Sichtweise langsam zu relativieren und den Fremden mit seinen Werten, Normen und Verhaltensweisen besser verstehen zu können. Dies kann ein sehr langwieriger und schmerzvoller Prozeß sein, weil es unter Umständen die eigene Identität in Frage stellt.[48]

Der Gegenstandpunkt des Ethnozentrismus ist der Kulturrelativismus; in diesem werden andere Kulturen nicht nach den Standards der eigenen Kultur gemessen. „Der Kulturrelativismus bekennt sich dazu, daß andere Kulturen voneinander verschieden, aber nicht besser oder schlechter als andere sind, da es keinen absoluten Vergleichsmaßstab gibt."[49]

---

[45] vgl. Vivelo, F.R., Handbuch der Kulturanthropologie, München 1988; in: Nieke, W., Interkulturelle Erziehung und Bildung, Opladen 1995, S.91
[46] vgl. ebd., S.92
[47] vgl. Brass, E., Von der Ausbildung zum aufmerksamen Umgang mit Nicht-Wissen; in: Arbeitstexte-Sonderheft, Dt.-Frz. Jugendwerk, Oktober 1984, S.305
[48] vgl. Rademacher, a.a.O., S.22f
[49] Vivelo, a.a.O., S.46f; in: Nieke, a.a.O., S.93

Es geht aber nicht darum, daß keine Werturteile über andere Kulturen abgegeben werden dürften, sondern daß bei einer Bewertung nicht von den Werten und Normen der eigenen Kultur ausgegangen werden darf. Vielmehr geht es um „die Anerkennung des Eigensinns jeder Kultur und ihr Recht, in ihren eigenen Begriffen verstanden zu werden", was Feingefühl und Wertschätzung gegenüber anderen Kulturen voraussetzt.[50] Diese Ansicht der Gleichwertigkeit aller Kulturen, also die Tendenz zum Kulturrelativismus wird in vielen Ansätzen der interkulturellen Pädagogik vorausgesetzt.[51]

Neben dem Kulturrelativismus – dessen Vertreter davon ausgehen, „daß unterschiedliche, grundsätzlich gleichwertige Einzelkulturen nebeneinander bestehen und auch künftig bestehen werden"[52] – gibt es noch einige wenige VertreterInnen des Universalismus. Es gibt verschiedene universalistische Anschauungen, die zum Teil der Auffassung sind, „daß bei aller Verschiedenheit bestimmte Gemeinsamkeiten zwischen den Kulturen bestehen" oder „daß die Befangenheit in den Kulturen überwunden werden müsse",[53] also eine Art Kultursynthese anzustreben sei.

VertreterInnen eines „evolutionären Universalismus" sehen in den einzelnen Kulturen ein Durchgangsstadium, die sich zu einer universalen Weltgesellschaft entwickeln werden.

„Derart extreme Vereinheitlichungsprozesse werden aber heute weder in der Soziologie noch in der Pädagogik und der Kulturanthropologie ernsthaft behauptet."[54]

4.2 Vorurteilsbildung

Die ursprüngliche Bedeutung des Begriffs Vorurteil war nicht negativ, wie es heute der Fall ist, sondern es sollte damit verdeutlicht werden, daß es – wie es das Wort schon ausdrückt – nur ein Teil des Ganzen (Urteils) umfaßt; also vom Vorurteil zum (ganzen) Urteil.

Ein Wesenszug eines Vorurteils – nach der heutigen Begriffsdefinition – ist, daß es sehr hartnäckig ist und sich gegen seine Berichtigung durch neue Erfahrungen sträubt. Aber ein Vorurteil ist nicht einfach ein falsches Urteil, sondern es enthält meist eine Mischung aus Wahrem und Falschem.

---

[50] Parekh, Bh., The Concept of Multicultural Education, 1986, in: Auernheimer, a.a.O., S.194
[51] vgl. ebd., S.192
[52] Parkin, D., Nerni in the Modern World: Return of the Exotic; in: Man 1991, 28:79-99; nach: Amt für Multikulturelle Angelegenheiten der Stadt Frankfurt/M., a.a.O., S.23
[53] ebd., S.23
[54] Amt für Multikulturelle Angelegenheiten der Stadt Frankfurt/M., a.a.O., S.23

Es hat eine Schutzfunktion – die das Beseitigen von Vorurteilen so erschwert – denn es soll das eigene, aufgebaute Weltbild nicht ins wanken bringen und somit nicht zur Verunsicherung führen.

Außerdem gibt es nach *Parsons* in unserer modernen Gesellschaft ein großes Aggressionspotential, das abgebaut werden muß und dafür stellt das Vorurteil (gegen bestimmte Gruppen) ein gesellschaftlich gebilligtes Objekt für die Aggressionsabfuhr dar.[55]

Dies können wir in Zeiten von Wirtschaftskrisen und Arbeitslosigkeit, in denen sich Frustration aufbaut, besonders deutlich erkennen.

Zur Abschottung des Vorurteils gegen neue Erfahrungen treten zwei Mechanismen auf:

- erstens wird die Realität selektiv wahrgenommen, d.h. ich sehe nur das was mein Vorurteil bestätigt, z.B. wenn ich der Meinung bin, daß Roma schmutzig sind und stehlen, dann werde ich auch nur schmutzige und stehlende Roma wahrnehmen und nicht jene, die diesem Bild nicht entsprechen;

- zweitens wird der Kontakt zu dem vorurteilsbehafteten Objekt vermieden und somit können keine neuen Erfahrungen gemacht werden. Wer grundsätzlich gegen AusländerInnen eingestellt ist – also die Meinung vertritt, daß diese in Deutschland nichts zu suchen haben – wird ihnen stets aus dem Weg gehen.[56]

Vorurteile werden fast immer durch die Meinung anderer aufgenommen, dieser wiederum liegen meistens keinerlei eigene Erfahrungen zugrunde. Es handelt sich dabei oftmals um Pauschalierungen, z.B. die Männer, die Frauen, die AusländerInnen... . Diese Pauschalierungen sind wiederum auch nur Reduzierungen dessen was pauschaliert wird, z.B. „die Deutschen – das Volk der Dichter und Denker". Diese Behauptung trifft aber gar nicht zu, denn nicht alle Deutsche sind Dichter und Philosophen (was wohl hauptsächlich mit „Denker" gemeint ist), sondern nur das einzelne Individuum kann an dieser Aussage gemessen werden.

Um bestimmte Aussagen aufstellen zu können bedarf es zwar manchmal der Verallgemeinerung, doch muß diese mit großer Präzision und der Einschränkung, daß diese Pauschalierung nicht auf alle zutrifft, formuliert werden.

Adorno und *Horckheimer* haben in ihren „Studien zum autoritären Charakter" nachgewiesen, daß Personen, die einer strengen und autoritären Erziehung unterworfen waren besonders anfällig sind für Vorurteile. Diese mußten ihre ag-

---

[55] vgl. Parsons T., Beiträge zur soziologischen Theorie, Neuwied 1964, S.223ff; in: Deutsch-Französisches Jugendwerk (DFJW), Arbeitstexte Nr.1, Bad Honnef 1989, S.17f
[56] vgl. ebd., S.13

gressiven Impulse ihren Eltern gegenüber unterdrücken und projizieren diese im späteren Alter nach außen, auf andere Gruppen. Sie zeigen gleichzeitig Autoritäten gegenüber ein unterwürfiges Verhalten.[57]

Nicht-autonome, starre Persönlichkeiten können ihre Vorurteile beliebig austauschen und ihre Meinungen bestehen fast nur aus Vorurteilen, sie besitzen eigentlich keine eigene Persönlichkeit/Identität (vgl. Punkt 2.1 „Identitätsfindung").[58]

Menschen, die hingegen eine recht autonome Erziehung genossen haben und ihre Urteile aufgrund eigener Erfahrung bilden konnten, sind weit weniger anfällig für Vorurteile.

In diesem Kontext geht es darum die „Verhaltenscodes" der eigenen Kultur, die als Maßstab bei der Interpretation und Bewertung des Fremden gesetzt werden – und so zu Vorurteilen führen – zu hinterfragen und zu relativieren.

4.3 Selbstbild und Bild vom Anderen

Es ist schon erstaunlich welche Eigenschaften – verbunden mit Übertreibungen und Phantasien – den Fremden oftmals zugeschrieben werden.

Ein Afro-Amerikaner – der seit den sechziger Jahren in der BRD lebt – und in der Talkshow von Alfred Biolek zu Gast war, berichtete, daß er sich damals noch hätte hocharbeiten müssen, aber wenn er heute als „Asylant" kommen würde, dann wäre er gleich Millionär. Begeistert klatschte das Publikum Beifall.[59]

Woher kommt diese ins phantastische gesteigerte Übertreibung, wo doch anerkannte AsylbewerberInnen nur finanzielle Mittel bekommen, die unterhalb der Sozialhilfe liegen und generelle Leistungen durch das Asylbewerberleistungsgesetz sehr eingeschränkt sind?

Angst spielt dabei eine wesentliche Rolle, die Angst vor den Fremden, die unseren Wohlstand gefährden könnten und unsere Normen von Fleiß und Disziplin, von denen wir geprägt sind, in Frage stellen. In der Begegnung mit den Fremden werden wir aber mit unseren abgespaltenen und verdrängten Wünschen (wie z.B. einfach einmal faul zu sein oder sich unzivilisiert zu benehmen) – *J. Kristeva* legt das in ihrem Buch „Fremde sind wir uns selbst" dar – konfron-

---

[57] vgl. Adorno, Th., Studien zum autoritären Charakter, Frankfurt 1973 und Horckheimer, M., Familie und Autorität; in: DFJW, Arbeitstexte Nr. 14, Bad Honnef, Neuauflage 1996, S.12
[58] Nach mündlicher Mitteilung von Herrn Diallo, Lehrbeauftragter im Fachbereich Sozialarbeit, Fachhochschule Frankfurt/M., im Seminar „Aus der Begegnung mit anderen Kulturen lernen", 3.7.1995; nach Adorno, Th., Erziehung zur Mündigkeit, Frankfurt 1979
[59] vgl. Rommelspacher, B., Dominanzkultur, Berlin 1995, S.144

tiert und dies bereitet uns Angst und Unbehagen[60]. Die Bedürfnisse, die wir an uns unterdrücken werden an ihnen (den Fremden) bekämpft und die Härte, die dabei zum Ausdruck kommt zeigt den Grad unserer Versagungen.

So verwundert es nicht, daß Sinti und Roma uns in besonderer Weise provozieren, denn sie konfrontieren uns mit einer ganz anderen Lebens- und Verhaltensweise als der unseren, die durch Seßhaftigkeit, Sauberkeit und Arbeitsmoral geprägt ist. Dadurch wecken sie in uns die „unbewußten Wünsche nach einem Leben ohne Verpflichtungen und dem Zwang der täglichen Arbeit und ohne dem Diktat der Zeitökonomie. Diese Selbstzwänge, mit denen wir unseren Lebensstandard erkaufen, wecken in uns Aggressionen gegen uns selbst, die wir auf die Fremden projizieren."[61]

Auch in bezug auf Sexualtität (sexuelle Potenz) und Gewaltbereitschaft ist das Bild des Fremden in übersteigerter Form verbreitet.

Freud hat den Zusammenhang zwischen Kultur und Triebverzicht aufgezeigt, denn im Projekt der Zivilisation unterwirft sich der Mensch bestimmten Regeln, die das Zusammenleben sichern und Stabilität versprechen. „Im Gegenzug dafür müssen die Menschen auf unmittelbare Triebbefriedigung verzichten. Es bleibt ein Unbehagen in der Kultur." [62]

Somit werden die vorhandenen Triebe ins Unbewußte abgedrängt und in unseren Vorstellungen auf den Fremden projiziert. Aussagen wie: „Afrikaner sind unzivilisiert und triebhaft" sind allgemein bekannt.

So ist der Andere, der Fremde, mein eigenes Unbewußtes und das Fremde ist in uns selbst. In der Begegnung mit dem Fremden werden wir mit unserer eigenen Selbstentfremdung konfrontiert oder wie Freud sich ausdrückt: „dieses Unheimliche (Fremde) ist aber der Eingang zur alten Heimat des Menschenkindes, zur Örtlichkeit, in der jeder einmal und zuerst geweilt hat... . Das Unheimliche ist also auch in diesem Falle das ehemals Heimische, das Altvertraute."[63]

Mit der Abwertung des/der Anderen geht aber gleichzeitig eine Überhöhung des Selbst einher. Ich selbst werde subjektiviert, d.h. ich gehe von mir aus, aber der Andere wird objektiviert, er wird also nicht als einzelne Persönlichkeit, sondern als die Anderen/Masse gesehen. Ich selbst sehe mich als fleißig, ehrlich, kulti-

---

[60] vgl. Kristeva, J., Fremde sind wir uns selbst, Frankfurt 1990, S.201
[61] Rommelspacher, B., Männliche Gewalt und gesellschaftliche Dominanz; in: Otto/Merten (Hg.), Rechtsradikale Gewalt im vereinigten Deutschland, Bundeszentrale für politische Bildung, Bonn 1993; nach: Gaitanides, Stefan, Materialien zum interkulturellen Lernen, S.1f
[62] Freud, S., Gesammelte Werke 1925-1932 Bd. XIV, Frankfurt 1963; in: Rommelspacher, a.a.O., S.21
[63] Freud, S., Das Unheimliche; in: Gesammelte Werke Bd. XII, Lingam Press, 229-268, S.259; nach: Gaitanides, a.a.O., S.3

viert, erwachsen, verläßlich, aber der Andere ist faul, unehrlich, kindlich, unberechenbar, unzuverlässig.[64]

Diesen Vorgang brauchen wir noch nicht einmal auf den Fremden zu beziehen, denn jedeR wird dies schon einmal in Konfliktsituationen mit dem Partner/ der Partnerin oder mit Freunden bei sich selbst oder bei anderen beobachtet haben.

Bei Befragungen in Begegnungsprogrammen des Deutsch-Französischen Jugendwerkes sehen wir das oben Beschriebene bestätigt. Während die Anderen als die Franzosen oder die Deutschen mit den gängigen Stereotypen beschrieben wurden, war die eigene Darstellung sehr präzise und individuell. Außerdem distanzierten sich alle von dem jeweiligen Klischeebild, welches über die eigene Nationalität bekannt ist und bemerkten, daß sie selbst (ganz) anders seien.[65]

4.4 Rassismus

4.4.1 Rasse und Rassismus

Die Begriffe Rassismus und Antirassismus sind im Grunde nur mangelhaft ausdifferenziert.[66]

Der Rassismus unterstellt, daß es verschiedene Menschenrassen gibt und tatsächlich wurden früher in der Biologie verschiedene Menschengruppen aufgrund unterschiedlicher physischer Merkmale, wie Augenfarbe, Haarstruktur und Hautfarbe in Rassen eingeteilt.[67]

Obwohl diese Unterscheidungen, selbst von der naturwissenschaftlichen Disziplin, heutzutage nicht mehr aufrechterhalten werden, ist die Einteilung in weiße, schwarze, rote und gelbe Menschenrassen in den Köpfen der Menschen noch weit verbreitet.

„Rasse meint eine Vererbung gleicher physischer Merkmale bei großen Menschengruppen, aber ihre psychologischen und kulturellen Konnotationen – sollte es sie geben – konnten wissenschaftlich nicht nachgewiesen werden."[68]

„Die Fortschritte der Genetik führen heute dazu, jeden Versuch der rassischen Klassifizierung abzuweisen."[69]

---

[64] vgl. ebd., keine Seitenzahl angegeben
[65] vgl. Haumersen/Liebe, Eine schwierige Utopie, Berlin 1990, S.46
[66] vgl. Bielefeld, U., (Hrsg.), Das Eigene und das Fremde, Hamburg 1992, S.227
[67] vgl. Kalpaka/Räthzel, a.a.O., S.12
[68] Eine Erklärung der American Anthropological Association von 1938; in: Bielefeld, a.a.O., S.163
[69] New Encyclopedia Britannica, Petit Larousse-Ausgabe 1989; in: ebd., S.171

„...Auf diese Weise, d.h. formuliert wie eine biologische Doktrin oder Ideologie, kann der Rassismus als eine falsche wissenschaftliche Theorie angesehen werden – zumindest aber als eine ohne jede wissenschaftliche Basis."[70]

Vielmehr hat man festgestellt, daß es innerhalb einer als genetisch gleich definierten Gruppe genauso große Unterschiede geben kann wie in zwei als genetisch unterschiedlich definierten Gruppen.[71]

Der Rassismus verfolgt gewisse Absichten, denn mit der Zugrundelegung von biologischen Rassenunterschieden geht auch eine Wertehierarchie einher, die es erlaubt höhere von niedrigeren Rassen zu unterscheiden. Sie dient der Aufrechterhaltung der Herrschaft einer bestimmten Gruppe, so wurde z.B. die Kolonialisierung der anderen Kontinente durch die Überlegenheit der „weißen Rasse" gerechtfertigt.

Aber ebenso dient Rassismus auch dazu, Sündenböcke für (soziale) Mißstände zu benennen.

Aufgrund dieser Interessenlage kann der Rassismus gar nicht anders als die eigene Gruppe positiv und die andere Gruppe negativ bewerten.

Für *Albert Memmi* – ein in diesem Kontext oft zitierter Autor – ist der Rassismus „die verallgemeinerte und verabsolutierte Wertung tatsächlicher und fiktiver Unterschiede zum Nutzen des Anklägers und zum Schaden seines Opfers, mit der seine Privilegien oder seine Aggressionen gerechtfertigt werden sollen." Und weiter bemerkt er, daß „der Rassist stets beteuert, kein Rassist zu sein."[72]

In Zeiten von (ökonomischen) Krisen ist der Rassismus im anwachsen begriffen (Funktion der Sündenböcke), wie wir das in den letzten Jahren in Deutschland, aber auch im Ausland beobachten können.

Eine deutsche Besonderheit ist, daß in der öffentlichen Diskussion von Ausländerfeindlichkeit gesprochen wird anstatt von Rassismus. Der Begriff Ausländerfeindlichkeit impliziert aber, daß alle AuländerInnen diskriminiert werden und dies trifft nicht zu, denn die Vorbehalte bzw. ablehnende Haltung gegenüber z.B. Türken, Griechen oder Marokkanern gelten nicht oder nicht im gleichen Maße wie z.B. gegenüber Engländern, Schweden oder US-Amerikanern.[73]

Zudem ist häufig von (konservativen) Politikern das Argument zu hören, daß das heutige Ausmaß der Ausländerfeindlichkeit mit der schlechten wirtschaftlichen Situation zusammenhängt. Das es sich hierbei um eine Beschönigung und Verschleierung von Rassismus handelt wird deutlich, wenn der oben dargestellte Sachverhalt – das Ausländerfeindlichkeit nicht auf alle AusländerInnen gleichermaßen zutrifft – berücksichtigt wird.

---

[70] ebd., S.221
[71] vgl. Kalpaka/Räthzel, a.a.O., S.13
[72] Memmi, A., Rassismus, Frankfurt/M. 1987; in: Auernheimer, a.a.O., S.156
[73] vgl. Kalpaka/Räthzel, a.a.O., S.12

Das Schweigen über den Rassismus in Deutschland hat mit unserer jüngsten Vergangenheit zu tun. Die schrecklichen Verbrechen die durch den Rassismus der Naziherrschaft begangen wurden haben zu einer Tabuisierung dieses Begriffes geführt.

4.4.2 Exkurs: Antirassistische Erziehung

Die ersten Ansätze antirassistischer Erziehung entstanden in den sechziger Jahren in den USA und wurden in Großbritannien, von *Judy Katz* – Ende der siebziger Jahre – zum „racism awareness training" (RAT) oder auch heute „Anitrassismus-Training" (ART) weiterentwickelt. In Großbritannien wurde es in den achtziger Jahren in die Schulpläne der öffentlichen Schulen übernommen. Erst 1986 fand das erste Antirassismus-Training in der Bundesrepublik statt.[74]

Die Grundgedanken von *Judy Katz* haben heute in den Seminaren immer noch bestand; sie lauten folgendermaßen:

- Rassismus ist keine Ausnahmeerscheinung, sondern geschieht Tag für Tag. Deshalb müssen wir auf den 'alltäglichen Rassismus' aufmerksam werden;
- „Rassismus (ist) ein Problem der 'Weißen', das durch die Sozialisation in einer rassistischen Gesellschaft kaum verhinderbar ist;
- daß 'Weiße' daher 'resozialisiert' werden müssen; und daß
- Rassismus eine Frage der Verteilung gesellschaftlicher Macht ist, die über die Konstruktion entsprechender Vorurteile abgesichert wird."[75]

Das Antirassismus-Training hat einen aufklärerischen Anspruch und will den gesellschaftlich-strukturellen Rassismus sowie auch die individuellen Sozialisationserfahrungen bewußt machen. Es geht also nicht um die Emanzipation der (diskriminierten) Minderheiten, sondern zielt auf die Emanzipation der Mehrheitsgesellschaft, die ebenfalls unter dem konstitutionellen Rassismus des Gesellschaftssystem leidet, ab.[76]

Konzipiert sind die Seminare als themenzentrierte Gesprächsgruppen, die meist an Wochenenden stattfinden und die u.a. Rollenspiele, PartnerInnenübungen, Kleingruppendiskussionen oder nonverbale Übungen beinhalten.

---

[74] vgl. Roth, H.J., Von den Argumenten gegen Ausländerfeindlichkeit zur antirassistischen Erziehung; in: Informationsdienst zur Ausländerarbeit, 3/4/1995, S.60
[75] ebd., S.60
[76] vgl. ebd., S.60

„Zentraler Punkt ist die Erfahrung des einzelnen und der Austausch in der Gruppe, wobei Wert auf die Reflexion der eigenen Sozialisation als Unterdrückungsgeschichte gelegt wird."[77]

Aufgrund einer Kritikphase und Auswertungen aus den Seminaren mußten bestimmte Punkte überarbeitet werden, um zu einem verbesserten Ansatz zu gelangen. Dies sollte aber das Antirassismus-Training im Gesamten nicht in Frage stellen.[78]

Für die internationale Jugendarbeit sehe ich hier den Ansatz, daß TeamerInnen in Fortbildungsveranstaltungen bezüglich des Themas Rassismus sensibilisiert werden sollten, um auf den „alltäglichen Rassismus" in internationalen Jugendbegegnungen reagieren zu können.

4.5 Interaktion durch Kommunikation

4.5.1 Kommunikation

Häufig wird Kommunikation mit Sprache gleichgesetzt und obwohl Sprache natürlich das Hauptverständigungsmittel ist, umfaßt Kommunikation auch den ganzen nonverbalen Bereich.

„Communicare", die lateinische Version, gibt uns schon eher Aufschluß auf die Bedeutung: sich vereinigen, jemanden teilnehmen lassen, sich besprechen.

Virginia Satir – Vertreterin der erlebnisorientierten, integrativen Familientherapie – hat folgende Definition aufgestellt:

„Kommunikation ist der Maßstab, mit dem zwei Menschen gegenseitig den Grad ihres Selbstwertes messen, und sie ist auch das Werkzeug, mit dem dieser Grad für beide geändert werden kann."[79]

Zum kommunizieren bedarf es immer eines Senders und eines Empfängers, wobei deren persönliche, soziale und kulturelle Hintergrunderfahrungen eine bedeutende Rolle spielen. Dieser wechselseitige Ablauf zwischen zwei oder mehreren Personen nennt man Interaktion.

Neben dem Inhalt ist die Gestik und Mimik sowie u.a. die Intonation, die Geschwindigkeit und die Lautstärke des Gesprochenen ganz entscheidend.

Watzlawick und andere kamen zu der Erkenntnis, daß es unmöglich ist nicht nicht zu kommunizieren, da jegliches Verhalten – ob Handeln oder Nichthandeln, Worte oder Schweigen – eine Mitteilung darstellt. „Der Mann im über-

---

[77] ebd., S.61
[78] vgl. ebd., S.61
[79] Satir, V., Selbstwert und Kommunikation, München 1985; in: AWO-Bundesverband, Ferienfreizeiten und internationale Begegnungen, Bonn 1990, S.71

füllten Wartesaal, der vor sich auf den Boden starrt oder mit geschlossenen Augen dasitzt, teilt den anderen mit, daß er weder sprechen noch angesprochen werden will, und gewöhnlich reagieren seine Nachbarn richtig darauf, indem sie ihn in Ruhe lassen."[80]

Weiter hat für *Watzlawick* jede Kommunikation u.a. einen Inhalts- und Beziehungsaspekt. Der Inhalt ist die Information die gegeben wird, aber gleichzeitig auch der Aspekt – der weit unbewußter abläuft – ‚wie der Sender das Gesagte vom Empfänger verstanden haben will, und zwar durch die Art und Weise der Aussage.[81]

Hierzu wieder ein Beispiel um es verständlicher zu machen:

„Wenn Frau A auf Frau B's Halskette deutet und fragt: Sind das echte Perlen?, so ist der Inhalt ihrer Frage ein Ersuchen um Information über ein Objekt. Gleichzeitig aber definiert sie damit auch – und kann es nicht nicht tun – ihre Beziehung zu Frau B. Die Art, wie sie fragt (der Ton ihrer Stimme, ihr Gesichtsausdruck, der Kontext usw.), wird entweder wohlwollende Freundlichkeit, Neid, Bewunderung oder irgendeine andere Einstellung zu Frau B ausdrücken. B kann ihrerseits nun diese Beziehungsdefinition akzeptieren, ablehnen oder eine andere Definition geben, aber sie kann unter keinen Umständen – nicht einmal durch Schweigen – nicht auf A's Kommunikation antworten." Der Aspekt der Interaktion hat dabei nichts mit der Echtheit der Perlen zu tun.[82]

Die Definition der Beziehung tritt mehr in den Hintergrund, wenn es sich um eine „gesunde" Beziehung handelt, wo hingegen bei konfliktreichen Beziehungen der Inhaltsaspekt fast völlig an Bedeutung verliert.[83]

Da der Beziehungsaspekt eine Kommunikation über die Kommunikation darstellt, spricht man von Metakommunikation.

Es dürfte deutlich geworden sein, daß Kommunikation ein komplexer Vorgang ist, der viele Faktoren berücksichtigt. Dabei hat Kommunikation fast immer mit Manipulation – die meist unbewußt abläuft – des/der InteraktionspartnerIn zu tun, denn jede Person versucht den/die Empfänger zu seinen Gunsten zu beeinflussen.

4.5.1.1 Sprache

Wie ich schon erwähnt habe nimmt die Sprache in der Kommunikation eine wesentliche Rolle ein. Sie ist aber noch viel mehr, denn sie ist Ausdruck der Wirklichkeit einer Kultur; diese beiden Aspekte bedingen sich gegenseitig und befinden sich in einem kontinuierlichen Prozeß der Veränderung.

---

[80] Watzlawick/Beavin/Jackson, Menschliche Kommunikation, Stuttgart 1982, S.51
[81] vgl. ebd., S.53
[82] ebd., S.54
[83] vgl. ebd., S.55

Für *Humboldt* ist Sprache die Bedingung des Menschseins selbst[84] und weiter sagt er: „Wie der einzelne Laut zwischen den Gegenstand und den Menschen, so tritt die ganze Sprache zwischen ihn und die innerlich und äußerlich auf ihn einwirkende Natur."[85]

Sprache hat auch mit Macht bzw. mit Emanzipation zu tun, je nachdem ob ich meine Erfahrungen ausdrücken kann oder nicht; kann ich dies nicht, so bin ich demjenigen unterlegen, der sich entsprechend auszudrücken gelernt hat. Die Situation im Gerichtssaal ist hierzu ein gutes Beispiel, denn wo der Schein eine größere Bedeutung als das Sein hat, ist diejenige Person überlegen, die sich gut ausdrücken und darstellen kann (siehe Rechts- und Staatsanwälte).

Aber auch in den Fachsprachen der Medizin oder der Verwaltung wird Sprache zur Schranke, denn sie grenzt gerade die unteren sozialen Schichten aus zu denen im besonderen die ausländische Bevölkerung gehört.

In den sechziger Jahren hat man Forschungen durchgeführt, um den Stellenwert der Sprache bzw. Sprachentwicklung in bezug auf Chancengleichheit zu ermitteln.

Dabei wurde festgestellt, daß zwischen Personen die der Unterschicht angehören und Personen die der Mittelschicht angehören ein Unterschied in der semantischen Sprachgestaltung liegt. So ist das Sprechen der Unterschichtsangehörigen mehr ein erzählen, da die Sprache nicht abstrahiert, sondern konkret gebraucht wird. Außerdem ist ihre Ausdrucksweise weniger differenziert, so werden weniger Nebensätze und Bindewörter benutzt; außerdem ist ihr Wortschatz geringer als der von Mittelschichtsangehörigen.

Personen, die der Mittelschicht angehören machen in der Regel weniger Gebrauch von Befehlen und können zudem einen Zusammenhang über mehrere Sätze hinweg begründen und aufrechterhalten.

Dadurch, daß Unterschichtsangehörige weniger Erklärungen und Begründungen anwenden (können), befehlen sie öfters.

In diesem Zusammenhang wird auch von elaboriertem (komplexere Sprachgestaltung) und restringiertem (beschränktere Sprachgestaltung) Sprachcode gesprochen.

---

[84] vgl. Menze, 1975: 40; in: Hinz-Rommel, a.a.O., S.49
[85] Humboldt, 1963:561; in: ebd., S.50

4.5.1.2 Nonverbale Kommunikation

Neben der Sprache gibt es noch die nonverbale Kommunikation, die Aspekte wie z.b. Mimik oder Gestik, aber auch je nach Sinnesorgan auditive, visuelle, olfaktorische, taktile, thermale und gustatorische Zeichen umfaßt.[86]

Nonverbale Kommunikation und verbale Kommunikation unterstützen sich gegenseitig, wobei es natürlich auch vorkommt, daß die verbale Äußerung nicht mit der Nonverbalen übereinstimmt, dies nennt man eine „doublebind"- Situation.

Hier sind wir auch schon bei einem ganz wesentlichen Punkt der nonverbalen Kommunikation angelangt, denn im Gegensatz zu Worten, die täuschen bzw. die Unwahrheit sagen können, entlarven sich diese durch den Ausdruck des nonverbalen Verhaltens. Dieser ist weit weniger manipulier- und kontrollierbar, z.B. „ein mit zitternder Stimme und flatternden Händen hervorgebrachtes 'Ich bin kein bißchen nervös'" hört sich nicht sehr überzeugend an.[87]

Manchmal werden die nonverbalen Zeichen ganz bewußt ignoriert, nämlich dann wenn wir etwas durchsetzen möchten, z.B. gegenüber Kindern.

Insgesamt läßt sich sagen, daß die Bedeutung der nonverbalen Kommunikation nicht unterschätzt werden sollte.

4.5.2 Kommunikationsbarrieren

Wie wir gesehen haben gibt es selbst in einer Kultur, in der dieselbe Sprache gesprochen wird unterschiedliche – schichtspezifische, aber auch geschlechtsspezifische – Ausdrucksformen. Man kann sich gut vorstellen, daß dieser Aspekt bei internationalen Begegnungen – in denen unterschiedliche Kulturen aufeinandertreffen – weit größere Dimensionen annehmen kann.

Aber prinzipiell läßt sich feststellen, daß die Probleme der intra-kulturellen (innerhalb einer Kultur) Kommunikation analog auf die Lösung interkultureller Kommunikationsprobleme übertragen werden können.[88]

Die persönliche Kommunikationsform ist geprägt durch den jeweils individuellen Person-Umweltbezug, sowie durch Sozialisationsbedingungen. Deshalb sollte sich jedeR bewußt machen, daß er die Welt durch seine ganz persönliche Brille wahrnimmt und auch mit seinen individuellen Kommunikationsmustern seiner Umwelt begegnet.

Somit beinhaltet Verstehen weit mehr als nur verbale und nonverbale Kommunikation.

---

[86] vgl. Wrobel, R., Die Rolle des Puppenspiels in der Kommunikation, Diplomarbeit April 1981, Fachbereich Sozialpädagogik, FH Frankfurt/M., S.6
[87] Scherer, Non-verbale Kommunikation, Hamburg 1970; in: ebd., S.7
[88] vgl. Breitenbach, a.a.O., Bd. 5, S.33

Für *Schneller* nimmt das subjektive Empfinden von Sicherheit, etwas richtig bzw. nicht richtig zu verstehen einen großen Einfluß auf das Gelingen von interkultureller Kommunikation.[89] Für ihn gibt es die Unterscheidung zwischen *gelingender Kommunikation, nicht gelingender Kommunikation* und *pseudo-Kommunikation*. Die beiden ersten Unterscheidungen dürften klar sein. Bei der *pseudo-Kommunikation* verbindet der Adressat eine Nachricht mit der Bedeutung aus seinem eigenen Kulturkreis, die aber nicht mit der Bedeutung der Nachricht im Kulturkreis des Empfängers übereinstimmt.[90]

Diesen Vorgang der subjektiven Sicherheit des Verstehens, bei tatsächlichem Nichtverstehen, nennt er „negative Kommunikation". „Und diese (fehlerhaften Interpretationen) fallen um so größer aus, je größer die kulturellen Unterschiede der Kommunikanten sind."[91]

Die pseudo-Kommunikation dürfte vor allem in der nonverbalen Kommunikation vorkommen, doch sollte ihr Grad bei der verbalen Kommunikation nicht unterschätzt werden.

Bei einer Studie von 1977, in der ca. 900 internationale Begegnungssituationen beobachtet wurden, waren nach dem Urteil der Beobachter 49% durch sprachliche Kommunikationsprobleme gekennzeichnet. In Situationen, in denen die Bedeutung der sprachlichen Kommunikation nur eine mittlere oder geringe Rolle spielte, lag der Prozentsatz natürlich niedriger, jedoch lag er bei letztgenannter noch bei fast einem Drittel.[92]

Außerdem sind diese Sprachbarrieren in erheblichem Maße abhängig von:

- „dem Grad der Gruppenintegration (Vertrauen, Solidarität, Akzeptieren anderer),
- dem Grad der emotionalen Spannungsbewältigung (entspannte Atmosphäre, emotionale Wärme),
- dem Grad der situativen Komplexität (Strukturiertheit, Vertrautheit,... Zahl der Teilnehmer),
- der Bedeutung der Situation und der Bedeutung anderskultureller Teilnehmer sowie
- dem Selbstkonzept des einzelnen Teilnehmers, insbesondere in sprachlicher Hinsicht."[93]

Die These von der Bedeutung intra-kultureller Kommunikationsbarrieren findet in dieser Studie Bestätigung, denn es wurde ein konstant hoher Anteil von

---

[89] vgl. Schneller 1989; in: Hinz-Rommel, a.a.O., S.45
[90] vgl. ebd., in: ebd., S.46
[91] ebd., S. 46f
[92] vgl. Breitenbach, a.a.O., Bd. 5, S.34
[93] ebd., S.34

Kommunikationsbarrieren nicht nur bei TeilnehmerInnen beobachtet, die geringe oder keine Fremdsprachenkenntnisse besaßen, sondern auch in ihrer Muttersprache durch geringe Sprachkompetenz auffielen.

Somit stellt das vollkommene Fehlen von Fremdsprachenkenntnissen bzw. der generelle Mangel von Sprachkompetenz zweifelsohne ein großes Problem auf dem Weg internationaler Verständigung dar und dies trifft im besonderen auf Personen der Unterschicht zu. Diese wiederum gehören meist zu der Gruppe von Auszubildenden, jungen ArbeiterInnen oder Arbeitslosen.[94]

Kommunikationsbarrieren sind aber nicht nur auf Sprachprobleme zu reduzieren. Bei der oben genannten Studie wurden außerdem noch Barrieren aufgrund:

- der Komplexität der Situation (schlecht organisiert und strukturiert, hohe TeilnehmerInnenzahl)
- sozialer (ethnischer, schichtspezifischer oder persönlicher) Einstellungen und Vorurteile,
- kultureller Unterschiede,
- der Komplexität der zu verarbeitenden Informationen

genannt.[95]

Wie aus der *Breitenbach-Studie* zu entnehmen ist – und was ich aus eigener Erfahrung nur bestätigen kann – spielt die Gruppendynamik bezüglich Kommunikationsbarrieren eine wichtige Rolle. „Eine Gruppe 'funktioniert' um so besser, je besser das Klima in der Gruppe ist. Je besser eine Gruppe 'funktioniert', um so mehr Kommunikationskanäle wird sie öffnen, um so differenzierter wird das Kommunikationsnetz sein. Das Gruppenklima hat demnach für interkulturelle Kommunikation eine große Bedeutung. Wenn in einer Gruppe unbewältigte Konflikte dominieren, werden die Teilnehmer weniger bereit sein, interkulturell zu kommunizieren."[96]

4.5.3 Interkulturelle Kommunikation

Der Bereich interkulturelle Kommunikation umfaßt vieles, was schon generell zu dem Thema Kommunikation gesagt wurde. Doch hier kommt ein weiterer Faktor hinzu, nämlich der, daß die TeilnehmerInnen aus verschiedenen Kulturkreisen stammen und nicht die gleiche Sprache sprechen, aber auch über kulturell unterschiedliche „Kommunikationscodes" – damit sind die Regeln, wie miteinander kommuniziert wird, gemeint – verfügen.

---

[94] vgl. ebd., S.35
[95] vgl. ebd., S.37
[96] Breitenbach, a.a.O., Bd. 4, S.82

4.5.3.1 Kultur und Kommunikation

Um den Einfluß von Kultur auf die interkulturelle Kommunikation besser verstehen zu können, werde ich hier auf die Theorie US-amerikanischer Anthropologen eingehen, die drei Aspekte bei der Analyse des Zusammenspiels von Kultur und Kommunikation unterscheiden, und zwar die Ebene

- der *Wahrnehmung*,
- des *Verbalen*, sowie
- des *Nonverbalen*.[97]

Jeder Mensch nimmt seine Umwelt selektiv wahr, d.h. seine *Wahrnehmung* ist geprägt von seinen Sozialisationserfahrungen und je nachdem mißt er den Dingen Wichtigkeit zu oder nicht. Die Wahrnehmung ist aber auch stark beeinflußt von der sie umgebenden Kultur. Dies sollte aber nicht überbewertet werden, indem Kommunikationsprobleme vorschnell auf kulturelle Unterschiede zurückgeführt werden und sich somit Vorurteile verhärten.[98]

Weiter werden 3 Kategorien von *Wahrnehmungen* unterschieden, und zwar

- das *Weltbild*,
- die *Sozialorganisation* und
- die *Glaubens-, Wert-* und *Einstellungssysteme*[99]

„Das *Weltbild* eines Menschen enthält seine Vorstellungen über das Wesen des Menschen, der Natur, des Universums sowie Gottes oder des Göttlichen", also z.B. ob ich die Einstellung habe, daß die Menschen von Natur aus gut oder schlecht sind.[100]

So variiert auch die Vorstellung von der „Natur" der Frau und des Mannes von Kultur zu Kultur. In Europa und Nordamerika werden z.B. die Frauen als emotional und der Mann als rational angesehen, während im Iran dem Mann Emotionalität zugesprochen wird und Frauen als äußerst praktisch veranlagt gelten.[101]

Unter *Sozialorganisation* sind u.a. Familienstrukturen, religiöse Institutionen, Schulen gemeint, sowie soziale Gruppeneinteilungen, wie z.B. nach Beruf, Schicht, Geschlecht usw. . Sie legen die Rolle fest, die jedes Individuum in der Gesellschaft einzunehmen hat. Hier seien die schon angesprochenen typischen Rollenerwartungen von Männern und Frauen erwähnt, aber z.B. auch der Verhaltenskodex, der je nach gesellschaftlichem Ansehen unterschiedlich ist. So ist

---

[97] vgl. Samova/Porter/Jain, Understanding intercultural communication, Belmont, Cal. 1981; in: Amt für Multikulturelle Angelegenheiten der Stadt Frankfurt/M, a.a.O., S.46
[98] vgl. Auernheimer, a.a.O., S.126ff
[99] vgl. Samovar/Porter/Jain, a.a.O., in: Amt für Multikulturelle Angelegenheiten der Stadt Frankfurt/M, a.a.O., S.47
[100] ebd., S.47
[101] vgl. ebd., S.48

z.B. daß Verhalten einem Arzt oder Rechtsanwalt gegenüber ein anderes als einer/einem (ausländischen) ArbeiterIn.[102]

Unter *Glaubenseinstellungen* sind neben den religiösen Glaubensausrichtungen die individuell- subjektiven Glaubenseinstellungen gemeint, wie z.b. die Einstellung, daß jedeR seines eigenen Glückes Schmied ist.

Die Normen, Werte und Einstellungssysteme bestimmen u.a. die Höflichkeitsformen, die in den verschiedenen Kulturen einen unterschiedlichen Stellenwert einnehmen. So verbeugen sich z.b. Japaner bei der Begrüßung oder es gilt als sehr unhöflich ihrem Gegenüber ein direktes „nein" „ins Gesicht" zu sagen, wohingegen das für uns deutsche durchaus üblich ist.[103]

So ähnlich verhält es sich auch mit der *Sprache*; während Engländer ein Angebot mit einer höflichen Frage verbinden: „Möchtest du gerne einen Tee?", sprechen die Polen es eher als Befehl aus: „Iß und drink!"

In Diskussionen, die in internationalen Begegnungen häufiger vorkommen, lassen sich ebenfalls die kulturell unterschiedlichen Diskussionsstile gut beobachten.

Der Japaner *Tatsuo Oguru* beschreibt in seinem Buch das Unbehagen vieler Japaner über den rationalen Diskussionsstil der bei vielen Deutschen anzutreffen sei.[104]

Die dritte Ebene, die der *nonverbalen Kommunikation,* enthält außer den zuvor schon genannten Bereichen (vgl. Punkt 4.5.1.2) auch unterschiedliche Konzepte von Raum und Zeit, die wiederum in Verbindung mit den 3 Kategorien der Wahrnehmung (Weltbild, Sozialorganisation sowie den Werten und Normen) stehen.

Nach *Hall* lassen sich Kulturen mit monochroner und Kulturen mit polychroner Zeiteinteilung unterscheiden.

So leben Nordeuropäer und Nordamerikaner nach monochroner Zeiteinteilung; für sie verläuft die Zeit linear wie an einem Fließband, sie wird eingeteilt, kann verschwendet werden oder verloren sein.[105]

Hingegen leben die Menschen in weiten Teilen der Erde (arabischer Raum, Lateinamerika, Südasien, aber auch der Mittelmeerraum) mit polychroner Zeiteinteilung. Polychron deshalb, weil mehrere Angelegenheiten gleichzeitig ermöglicht werden. So wird Zeit z.B. selten als verschwendet angesehen und wenn ein Freund ohne Verabredung zu Besuch kommt nicht mit den Worten: „Ich habe

---

[102] vgl. ebd., S.48
[103] vgl. ebd., S.49
[104] vgl. Oguru,T., Ihr Deutschen - Wir Japaner, Düsseldorf 1984, S.43; in: Amt für Multikulturelle Angelegenheiten, a.a.O., S.50
[105] vgl. ebd., S.51

jetzt keine Zeit!" weggeschickt, wie es beispielsweise bei uns Deutschen durchaus der Fall sein kann.[106]

Ein weiterer Aspekt ist der von Raum und Körperdistanz. NordeuropäerInnen z.B. halten i.d.r. einen größeren Abstand zu ihrem Gesprächspartner als dies i.d.R. SüdeuropäerInnen tun. Ebenso ist es mir in Indien passiert, daß Inder einfach meine Hand nahmen und sie begutachteten und ich erst einmal perplex war und nach einer kurzen Zeit meine Hand zurückzog, weil es mir unangenehm war. Dieses Beispiel zeigt, daß es durch Unwissenheit der jeweils unterschiedlichen kulturellen Körperdistanzregeln zu unangenehmen Situationen kommen kann.

4.5.3.2 Exkurs: Voraussetzungen für Interkulturelle Kommunikation

Dieser theoretische Diskurs zeigt meines Erachtens deutlich auf, daß Verstehen mehr ist als nur die andere Sprache zu sprechen und im Zusammenhang mit interkultureller Kommunikation nicht nur die Sprachschwierigkeiten aufgrund mangelnder Fremdsprachenkenntnisse eine Rolle spielen, sondern im besonderen spezifisch-kulturelle Aspekte ebenfalls einen entscheidenden Einfluß ausüben. Darüber hinaus wird auch klar ersichtlich, daß ein Mindestmaß an Offenheit – um sich auf andere Kulturen, sprich andere Gewohnheiten, Einstellungen und Werte einlassen zu können – eine Voraussetzung für das Gelingen interkultureller Kommunikation darstellt.

Aber wie wir in Punkt 4.5.2 („Kommunikationsbarrieren") bereits festgestellt haben, sind u.a. die Rahmenbedingungen und die Gruppendynamik der Begegnung, sowie individuelle Sozialisationserfahrungen und Einstellungen der TeilnehmerInnen von entscheidender Bedeutung.

So werden in der *Breitenbach-Studie* weitere Kriterien genannt, die interkulturelle Kommunikation fördern:

- emotionale Stabilität; die durch eine angstfreie Kommunikationssituation gefördert wird,
- Situations- und Rollensicherheit; indem die neue Situation soweit definiert ist, das den TeilnehmerInnen situatives Handeln ermöglicht wird;
- soziokulturelle Nähe, d.h. große Sozialisationsunterschiede (u.a. Ausbildung, Beruf, Herkunft) können kommunikationshemmend wirken,
- persönliche Kommunikationsbereitschaft und -fähigkeit.[107]

Ein Begegnungskonzept sollte deshalb auch die aktuelle Situation der TeilnehmerInnen berücksichtigen.

---

[106] vgl. ebd., S. 51
[107] vgl. Breitenbach, a.a.O., Bd.4, S.604f

4.5.3.3 Exkurs: Förderung interkultureller Kommunikation

Um eine gute Basis für die Förderung interkultureller Verständigung in Begegnungssituationen zu schaffen sind bestimmte Vorbereitungen und Maßnahmen seitens der durchführenden Institution bzw. der TeamerInnen zu treffen. So ist darauf zu achten, daß

- bereits in der Organisations- und Planungsphase daran zu denken ist, daß zumindest das Leitungsteam über entsprechende Fremdsprachenkenntnisse verfügt. Dies ist besonders wichtig wenn Jugendliche teilnehmen, die über keine Fremdsprachenkenntnisse verfügen (vgl. Punkt 7.2). Hier ist es unter Umständen unumgänglich, daß ein(e) DolmetscherIn eingesetzt wird;

- TeilnehmerInnen mit Fremdsprachenkenntnissen dazu motiviert werden einsprachige TeilnehmerInnen in der Verständigung durch sprachliche Hilfen zu unterstützen;

- aber auch einsprachige TeilnehmerInnen dazu motiviert werden selbständig Kontakt aufzunehmen ohne immer gleich eine(n) ÜbersetzerIn zu rate zu ziehen. So kann sich auch ein interessanter Dialog durch nonverbale Verständigung ergeben;

- Aktivitäten eingebaut werden, in denen auf die Sprache als Verständigungsmittel verzichtet werden kann und somit das gemeinsame Handeln im Vordergrund steht, z.B. durch entsprechende Spiele. Durch Körpersprache, Phantasie und Kreativität können sich, wenn der Mut dazu aufgebracht wird, interessante und amüsante Situationen entwickeln.[108]

4.5.3.4 Dolmetschen – Übersetzen

Im Kontext mit der Sprache ist zu erwähnen, daß Fremdsprachenkenntnisse – bei den TeilnehmerInnen – natürlich nicht immer vorausgesetzt werden, um an einer internationalen Begegnung teilnehmen zu können. Dies ist selbstverständlich gut so, um es jedem zu ermöglichen an internationalen Begegnungen teilzunehmen und dies dürfte auch der Anspruch der internationalen Jugendarbeit sein, um interkulturelle Verständigung zu fördern.

Bei einer Begegnung, an der einsprachige TeilnehmerInnen anwesend sind, ist es notwendig zu übersetzen; dies kann simultan oder konsekutiv erfolgen.

Die Simultanübersetzung verläuft über Kopfhörer, so daß die Übersetzung gleichzeitig mit dem Redebeitrag vonstatten geht.

---

[108] vgl. AWO, a.a.O., S.101f

Bei Konsekutivübersetzungen hingegen erfolgt die Übersetzung während des Redebeitrags – indem kleinere Pausen gemacht werden um zu übersetzen – und in der Gruppe, so daß die übersetzende Person physisch anwesend ist.

Diese zweite Form der Übersetzung wurde durch Beobachtungen bei deutschfranzösischen Begegnungen (im Rahmen des Deutsch-Französischen Jugendwerkes) als die zu Favorisierende angesehen, da durch die physische Anwesenheit der ÜbersetzerIn ein persönlicher Bezug vorhanden ist und die Übersetzung auch von mehreren TeilnehmerInnen ergänzend vorgenommen werden kann.

Bei der Simultanübersetzung hingegen verlagere sich das Sprachproblem nach außen, da TeamerInnen und TeilnehmerInnen von der Verantwortung für die Kommunikation entlassen würden.[109]

4.5.3.4.1 Exkurs: Überlegungen für die Praxis

„Am Schluß steht die gewiß kontroverse These, ein Dolmetscher dürfe seinen Text nicht nur von einer Ausgangssprache A in eine Zielsprache Z transkodieren, er müsse vielmehr ein Gesamtverhalten interkulturell interpretierend transferieren."[110]

Ich halte diesen Anspruch für durchaus angemessen. Ihn zu gewährleisten erfordert eine entsprechende Qualifikation des/der DolmetscherIn, die durch ein entsprechendes Studium und Auslandsaufenthalte erworben werden sollte, um sich somit das notwendige Einfühlungsvermögen in die jeweilige Sprache und Kultur anzueignen.

In internationalen Jugendbegegnungen kann diesem Anspruch – aufgrund fehlender finanzieller Mittel für entsprechend ausgebildete DolmetscherInnen – nicht immer entsprochen werden. Dies hat zur Konsequenz, daß es deshalb häufiger zu Mißverständnissen oder Unklarheiten kommen kann bzw. es erfordert mehr Zeit für den Verständigungsprozeß.[111]

Desweiteren sollten beim dolmetschen bzw. übersetzen folgende Aspekte berücksichtigt werden:

- „genau und aufmerksam zu(zu)hören und darauf hin(zu)weisen, wenn nach längeren Dolmetschphasen die Konzentration nachläßt oder z.B. schlechte Akustik das Verstehen erschwert,

- nach(zu)fragen, wenn etwas nicht verstanden wurde und nicht einfach so 'in etwa' zu übersetzen...,

- versuchen, so objektiv wie möglich zu dolmetschen und nicht der Versuchung zu erliegen, durch Verkürzung oder Abänderung der gedol-

---

[109] vgl. DFJW, Arbeitstexte Nr.7, Bad Honnef 1987, S.42ff
[110] Rehbein, J., Interkulturelle Kommunikation, Tübingen 1985, S.475
[111] vgl. AWO, a.a.O., S.105

metschten Beiträge den Gesprächsverlauf zu beeinflussen. Eigene
Meinungen von SprachmittlerInnen sollten vielmehr durch entsprechende Bemerkungen auch als solche gekennzeichnet... werden,...

- GesprächspartnerInnen darauf hinzuweisen, daß Erläuterungen von Begriffen durch praktische Beispiele sich als nützliche Hilfe erweisen, um sie im anderen kulturellen Hintergrund zu verdeutlichen."[112]

4.5.3.5 Schlußbemerkungen

Die Autoren des Arbeitstextes „Interkulturelle Kommunikation und Nationale Identität", des Deutsch-Französischen Jugendwerkes, kritisieren die zu sehr kognitive Ausrichtung von Begegnungen, und das Vernachlässigen von Emotionalität, Affektivität und der unterschiedlichen Sensitivität von Jugendlichen.[113]

So orientieren sich einsprachige TeilnehmerInnen stärker an paraverbalen Zeichen, wie Gestik, Mimik, Tonfall, Interaktion und nehmen meist die situative Bedeutung des Gesprächs viel deutlicher wahr, als TeilnehmerInnen mit Fremdsprachenkenntnissen, die stärker auf die verbale Ebene ausgerichtet sind.[114]

Diese Kritik verstehe ich als Anregung, aber auch als Aufforderung an Veranstalter internationaler Jugendbegegnungen, ihr pädagogisches Konzept hinsichtlich der Schwerpunktsetzung von kognitiven und affektiven Momenten zu überdenken und gegebenenfalls zu überarbeiten.

Es bleibt nur noch zu sagen, daß es hinsichtlich interkultureller Kommunikation bisher noch keine allgemeingültige Kommunikationstheorie gibt, so daß die bestehenden Ansätze sich auf eine eklektizistische Kombination von Einzelansätzen beziehen.[115]

---

[112] ebd., S.105
[113] vgl. DFJW, Arbeitstexte Nr.2, Bad Honnef 1983, S.6f
[114] vgl. ebd., S.6f
[115] vgl. Müller/Kosmal, Materialbox International, Frankfurt 1991, S.41f

5. Begegnung

Jede Begegnung ist ein Vorgang des Entdeckens und somit immer wieder aufs Neue mit Spannung verbunden. Wir haben dies im Zusammenhang mit dem eigenen Körper, in der Phase der Pubertät, gesehen und ebenso verhält es sich in der Begegnung mit Menschen. Die spannende Frage lautet denn auch immer: Wer wird mir begegnen?

Wir sehnen uns nach Begegnung, denn der Mensch ist ein soziales Wesen, das von der Kommunikation mit anderen Menschen abhängig ist. Das Experiment Friedrich I. (bekannt unter dem Namen „Barbarossa") im 12. Jahrhundert bestätigt dies. Er ließ Neugeborene isoliert von anderen Menschen und ohne mit ihnen zu sprechen aufwachsen (sie wurden lediglich ernährt), weil er herausfinden wollte, welche Sprache diese Säuglinge sprechen würden, mit der Intention zu ergründen, ob es denn eine Art „Ursprache" gibt. Doch die Neugeborenen starben nach kurzer Zeit durch den Entzug menschlicher Nähe und Geborgenheit.

Ferdinand Ebner, zusammen mit *Martin Buber*, ein Vertreter der religionsphilosophischen Betonung der dialogischen Existenz des Menschen, schreibt:

„Gewiß hab auch ich mein ganzes Leben hindurch nach dem Du gesucht. Welcher Mensch täte das nicht? So abgestorben, so tot ist das Geistige in keinem Menschen, daß sich das Ich in ihm nicht wenigstens nach seinem Du sehnte."[116]

„Am Du wird der Mensch zum Ich. Das kann ich an jedem Tag erfahren – ein Leben lang. Ich kann auch sagen, wenn ich mich darauf einlasse: Das ganze Leben wird für mich zu einer Schule des Du." (Wolfgang Dietrich)[117]

Paulo Freire sieht in der Begegnung den entscheidenden Weg zu einem befreienden Lernen, indem er die Subjekt- und Objektdimension miteinander verknüpft.

Er führte in den sechziger Jahren Alphabetisierungskampagnen in Brasilien durch und erkannte, daß sich durch das Sichvertrautmachen mit Wörtern auch die Wirklichkeit problematisieren läßt.

Mensch (Subjekt) und Welt (Objekt) sind in der Begegnung dialektisch verknüpft, denn Menschen begegnen sich in der Regel als Subjekte, aber erkennen sich in der gesellschaftlichen Analyse als Objekte, sprich als Unterdrückte wieder.

---

[116] Ferdinand Ebner; in: Dietrich, W., Chancen der Begegnung, Frankfurt/M. 1993, S.5
[117] ebd., S.5

In der Begegnung kann nach Möglichkeiten von Aktionen gesucht werden, die zu einer Veränderung der Welt beitragen können, um sich der Verwirklichung des Subjektseins näherzubringen.[118]

5.1 Voraussetzungen und Kriterien für Begegnung

In einer Begegnung von Personen spielen sehr viel mehr Momente mit hinein, als wir uns das allgemein vorstellen mögen.

Ich möchte hier aber nur eine kurze Darstellung, die auf wenige Punkte beschränkt bleibt, geben.

Die Situation einer Begegnung ist ein vielschichtiger und komplexer Vorgang, dessen Verlauf sehr stark von den Einstellungen und dem Verhalten der daran beteiligten Personen abhängig ist. Außer der Ebene der personalen Interaktion zwischen den Akteuren spielen politische, wirtschaftliche und gesellschaftliche Strukturen und Machtverhältnisse im zwischenmenschlichen Geschehen eine Rolle. Diese Strukturen, wie auch Interessen und Polarisierungen, erschweren – neben den allgemeinmenschlichen Schwächen wie u.a. Rücksichtslosigkeit, Egoismus oder mangelnde Bereitschaft des Sicheinlassens auf den Gegenüber – eine Begegnung.[119]

Für *Martin Buber* – jüdischer Religionsphilosoph, aber auch als „religiöser Existentialist" eingeordnet – gibt es eine Verbundenheit zwischen den Menschen, die aber kulturspezifisch unterschiedlich sei.

„Das Du begegnet mir. ...Stehe ich einem Menschen als meinem Du gegenüber,... ist er kein Ding unter Dingen und nicht bestehend. ...Ich werde am Du; Ich werdend spreche ich Du. Alles wirkliche Leben ist Begegnung."[120]

Damit sieht *Buber* das Ich und das Du als zwei Subjekte an.

Schon seit es Menschen gibt ist es so, daß ich meinem Gegenüber – also dem Anderen – kein eigenes Ich zugestehe, körperlich oder verbal, z.B. wenn ich jemand verbal „fertig mache" oder ihn beleidige, diskriminiere, unterdrücke usw..[121]

Begegnung, wie auch Kommunikation kann nur erfolgreich sein, wenn ich den Anderen als ein Subjekt erkenne und annehme, also wenn sich zwei Subjekte begegnen und sich gegenseitig auch als solche anerkennen.

---

[118] vgl. Freire, P., Pädagogik der Unterdrückten, Stuttgart 1970, S.94; in: Freise, J., Interkulturelles Lernen in Begegnungen, Saarbrücken 1982, S.174f
[119] vgl. Schiele, Siegfried, Politische Bildung als Begegnung, Stuttgart 1988, S.43f
[120] Martin Buber; in: Dietrich, a.a.O., S.5
[121] Nach mündlicher Mitteilung von Prof. Hans Reering, Fachhochschule Frankfurt/M., Fachbereich Sozialarbeit, im Seminar „Aus der Begegnung mit anderen Kulturen lernen", 3.7.1995

Eine Begegnung von gleichwertigen PartnerInnen bedeutet, daß ich den Anderen als ein Subjekt mit seiner ganzen Persönlichkeit, so wie er/sie mir entgegentritt annehme, akzeptiere und ihn nicht aufgrund kultureller Standards bewerte. So kommt es oft vor, daß sich Menschen aus den „Industrieländern" in der Begegnung mit Menschen aus den sog. „Entwicklungsländern" – aufgrund ihres technischen Fortschritts – selbst aufwerten und damit ihren Gegenüber automatisch abwerten. Dies kann keine Begegnung von gleichwertigen PartnerInnen sein und auch nicht zum interkulturellen Lernen führen.

„Die internationale Begegnung soll den Beteiligten ermöglichen, jeweils ihre Charakteristika soweit einzubringen, wie die Identität des Anderen nicht gefährdet ist."[122]

Die grundlegende Voraussetzung für eine erfolgreiche Begegnung ist, daß ich mich auf meinen Gegenüber einlasse, mich mit ihm auseinandersetzen möchte. Wenn dies nicht der Fall ist, wenn ich mich also abschotte, dann kann auch keine wirkliche Begegnung stattfinden.

„Das jeder dem anderen anders ist, macht unser Leben schwierig – auf den ersten Blick. Aber vielleicht ist das auch eine Chance. Gewiß ist das eine Chance."[123]

5.2 Alltag und Begegnung

In internationalen Jugendbegegnungen ist die Situation eine andere als die Gewohnte, denn sie ist losgelöst vom Alltag und den damit verbundenen regelmäßigen Abläufen/Schemata. Aufgrund dieser Loslösung vom Alltag entsteht aber auch ein Spannungsverhältnis zwischen den in der Begegnung gemachten Erfahrungen und dem Transfer dieser Erfahrungen in die Alltagssituation.

Diese besondere Situation der Begegnung ist als Chance zu sehen, um in einer neuen, ungewohnten Umgebung, und mit anderen, noch fremden Jugendlichen zusammen neue Erfahrungen zu erleben.

Begegnungen können die Möglichkeit bieten dem Leistungsdruck und den Zwängen der Arbeit oder des Lernens zu entgehen. Außerdem eröffnen sie die Chance einen neuen Umgang mit Zeit sowie des Aufhebens der Trennung von Arbeit und Freizeit zu machen. Eingeschliffene und oft gar nicht mehr bewußte Verhaltensweisen können unter Umständen aufgebrochen und neue noch ungeahnte Potentiale entdeckt werden.

Darüber hinaus können Begegnungen die Möglichkeit schaffen, neue Kontakte zu knüpfen und das Gefühl von Kollektivität und Solidarität zu erleben – gerade

---

[122] AWO, a.a.O., S.100
[123] Dietrich, a.a.O., S.4

in unserer Zeit des ausgeprägten Individualismus, die durch Leistungsdruck und das Gegeneinanderausspielen in Schule und Beruf gefördert wird, kann dies eine völlig neue Erfahrung sein. Außerdem können durch das selbstbestimmte und selbstorganisierte Leben in der Begegnung Bewußtseinsprozesse einsetzen, die zu Veränderungen im Alltag des Einzelnen führen können (durch Loslösung von der Fremdbestimmung hin zu einem mehr selbstbestimmten und selbstverantwortlichen Leben).

So kann der selbstbestimmte und demokratische Umgang in einer Begegnungssituation und das Problematisieren dieses Themas in Diskussionen dem Einzelnen aufzeigen, daß wir in einer stark hierarchisch organisierten Gesellschaft leben, die schon in der Eltern-Kind-Beziehung ihren Anfang nimmt und weiter in der Schule und später am Arbeitsplatz ihre Fortsetzung findet.

Ich möchte aber darauf hinweisen, daß die oben erwähnten Prozesse natürlich nicht immer und automatisch stattfinden, um kein falsches Bild zu projizieren, denn ob sich ein Lernprozeß entwickelt ist wesentlich abhängig von der Art, Organisation und Durchführung der jeweiligen internationalen Jugendbegegnung.

Zudem muß bedacht werden, daß in der Begegnung ebenfalls ein Alltag einkehrt, der in gewisser Weise und in bestimmtem Umfang auch notwendig ist, um den TeilnehmerInnen ein stückweit Sicherheit bezüglich ihres Verhaltens und des Begegnungsablaufs zu geben.

Die Unfähigkeit mit unbekannten Situationen umzugehen ist ein Ausdruck unserer Sozialisation und Enkulturation und hat zur Folge, daß wir in unsere althergebrachten Denk- und Verhaltensweisen zurückfallen. Je unbekannter uns eine Situation erscheint, also je weniger Vergleichspunkte von unserer Alltagserfahrung zur Verfügung stehen, desto größer ist diese Neigung des Zurückfallens und dies erschwert damit enorm die Bereitschaft des voneinander Lernens.[124]

Der Alltag, der sich auch in internationalen Jugendbegegnungen einstellt ist aber nicht hinderlich, sondern eher förderlich, denn die unmittelbarsten und nachhaltigsten Erfahrungen die wir machen sind die unseres alltäglichen Lebens und Arbeitens miteinander. Unsere Wahrnehmung und Interpretation von anderen Personen sowie unsere Verhaltensregeln – wie wir anderen begegnen – eignen wir uns in der täglichen Auseinandersetzung mit unseren Mitmenschen an.[125]

Die Alltagsaufgaben in einer Begegnung können dann wiederum als Brücke des Transfers in den Alltag zu Hause dienen, indem bei der Organisation und

---

[124] vgl. DFJW, Arbeitstexte Nr.1, a.a.O., S.23f
[125] vgl. ebd., S.3

Durchführung der Gruppenaktivitäten die neuen Lebens- und Umgangsformen ganz einfach praktiziert und gelebt werden.

Für mich ist dies ein wichtiges Moment – weil ein intensiveres erleben stattfindet und somit ein tieferer Eindruck bei den TeilnehmerInnen zurückbleibt, als nur in einer theoretischen Auseinandersetzung – um die Erfahrungen die in der Begegnung gemacht werden auf den Alltag übertragen zu können.

6. Pädagogische Überlegungen und Ansätze interkulturellen Lernens in internationalen Jugendbegegnungen

Wie aus dem Titel bereits hervorgeht, handelt es sich bei der folgenden Erarbeitung nicht um „fertige" pädagogische Konzepte, sondern um Überlegungen und Anregungen, die als Ansätze einer Pädagogik interkulturellen Lernens zu verstehen sind.

Der Grund dafür, daß es sich in der Darstellung dieses Kapitels nur um ein mögliches „Gerüst" für eine pädagogische Praxis handelt und nicht um ein ausgearbeitetes Konzept, wie wir es beispielsweise von der Schulpädagogik her kennen, liegt ganz einfach darin, daß eine Pädagogik des internationalen Jugendaustausches noch nicht entwickelt ist. Konkret heißt dies, daß wissenschaftliche Grundlagen sowie praxisleitende Konzepte fast vollständig fehlen.[126] In dem Punkt 6.3 („Für eine Pädagogik interkulturellen Lernens") werde ich näher darauf eingehen.

Vorher geht es aber darum, die pädagogischen Lernziele bezüglich interkulturellen Lernens und ihre Umsetzung mit Unterstützung methodischer Hilfsmittel aufzuzeigen. Weiterhin werden didaktische Anregungen gegeben und zur besseren bzw. konkreteren Darstellung der Anwendung wird der Gruppenverlauf unter methodisch-didaktischen Gesichtspunkten und Interventionsmöglichkeiten betrachtet.

Auf zwei Punkte möchte ich noch hinweisen. Zum einen handelt es sich in den nun folgenden Ausführungen um pädagogische Überlegungen und Ansätze, die nicht kulturübergreifend gesehen werden können, sondern im Kontext deutscher Kultur zu betrachten sind und sich insofern auch erst einmal nur auf internationale Jugendbegegnungen, die in Deutschland stattfinden, beziehen.

Zum anderen ist zu erwähnen, daß diese Pädagogik interkulturellen Lernens, obwohl sie hier im Kontext internationaler Jugendbegegnungen steht, nicht nur auf Jugendliche zu beschränken ist, sondern ebenfalls für Erwachsene angewendet werden kann. Hier zeigt sich wiederum die Schwierigkeit den Übergang vom Jugend- in das Erwachsenenalter genau zu bestimmen (vgl. Punkt 2.).

6.1 Pädagogische Lernziele als Voraussetzungen für Interkulturelles Lernen

Wenn wir uns noch einmal die Aussage von *D. Breitenbach* ins Gedächtnis rufen, daß sich interkulturelles Lernen „in seinen allgemeinen Mechanismen und Abläufen in keiner Weise von Lernprozessen innerhalb der eigenen Kultur"

---

[126] vgl. Klawe/Matzen, Lernen gegen Ausländerfeindlichkeit, Weinheim 1993, S.62

unterscheidet, dann heißt das, daß es sich beim interkulturellen Lernen hauptsächlich um Formen „sozialen Lernens" handelt.

Soziales Lernen zielt vor allem auf einen Bewußtseinsprozeß ab, der eine psychische und soziale Analyse sowie die Förderung von Kooperation und Kommunikation beinhaltet.

Was interkulturelles Lernen darüber hinaus noch beinhaltet wird in der folgenden Aussage deutlich:

„Interkulturelles Lernen ist eine Form sozialen Lernens, das durch die Erfahrung kultureller Unterschiede und in Form kultureller Vergleiche sowohl zu einer genaueren Analyse und Relativierung der eigenen kulturellen Normen und Sozialsysteme als auch zum Abbau kultureller (nationaler) Vorurteile führt, wenn es zu Metakommunikation über kulturelle Normen und Unterschiede kommt."[127]

Der Fremde soll in seiner Andersartigkeit wahrgenommen werden, aber man soll ihn damit auch bestehen lassen. Es geht nicht darum den Anderen absolut verstehen zu wollen, denn dies kann nur durch Einordnen (des Fremden und seiner Werte, Normen und Verhaltensweisen) in unsere eigenen Kategorien und Maßstäbe geschehen und führt damit nicht zu gegenseitigem Lernen und akzeptieren. Vielmehr geht es um einen dialogischen Prozeß der auf ein Wechselspiel von Aktion und Reflexion, also von Phasen des Aufeinandereinlassens und des gemeinsamen Handelns sowie des Sichzurückziehens und der Selbstreflexion, beruht.[128]

„Interkulturelles Lernen heißt auf den anderen eingehen, versuchen ihn zu verstehen, nicht aber sich mit ihm zu identifizieren."[129]

Um einen dialogischen Prozeß zwischen TeilnehmerInnen aus verschiedenen Kulturen zu ermöglichen, bedarf es einer vorherigen Überwindung von Abwehrmechanismen und trennenden Grenzen. Weiterhin ist eine Entwicklung von sozialen Kompetenzen erforderlich, um sich auf diesen Lernprozeß einlassen zu können.

Das Lernen steht in diesem Kontext also im Vordergrund; welcher Vorgang ereignet sich eigentlich im Lernprozeß?

„Lernen ist jeder Erfahrungserwerb, d.h. jede Aneignung und Verarbeitung von Informationen, die sich schließlich in einer Veränderung des Erlebens und/oder

---

[127] Breitenbach, D.; nach: Faltprospekt über Interkulturelles Lernen des Cfd (Christlicher Friedensdienst); in: Döbrich/Kodron, a.a.O., S.11

[128] vgl. Dt. Pfadfinderschaft St. Georg, Prinzipien, Inhalte und Ziele des internationalen und interkulturellen Lernens; in: IDA, Interkulturelle Pädagogik, Düsseldorf, S.18

[129] Nach mündlicher Mitteilung von Prof. Dr. Stefan Gaitanides, Fachbereich Sozialpädagogik, Fachhochschule Frankfurt/M., im Seminar „Probleme interkultureller Kommunikation in der Sozialarbeit", 4.5.1996

Verhaltens eines Individuums niederschlägt."[130] Dabei werden Veränderungen umfaßt im

- *kognitiven* (Wissen, Informationen),
- *affektiven* (Fühlen, Werten) sowie im
- *psychomotorischen* (Können, Handeln) Bereich.[131]

Die vorher schon angesprochenen sozialen Kompetenzen, welche die TeilnehmerInnen zumindest in Ansätzen entwickeln müssen um ein gegenseitiges Lernen zu ermöglichen, werde ich im folgenden benennen:

Wahrnehmungsfähigkeit

Es gilt zu berücksichtigen, daß unsere Wahrnehmung des Fremden durch unsere starren Gewohnheiten geprägt ist, was zur Folge hat, daß wir kulturelle Unterschiede „vorschnell einebnen und per Übersetzung in unsere Raster verschwinden" lassen.

Dieser Vorgang ist durch unser Bedürfnis nach Sicherheit und Orientierung begründet. Hierbei geht es also um ein sensibilisieren und erweitern der Wahrnehmungsfähigkeit.[132]

Empathie und Perspektivenwechsel

Mit Empathie und Perspektivenwechsel sind die Fähigkeiten gemeint, sich in den anderen hineinversetzen zu können sowie ihm Sympathie und Akzeptanz entgegenzubringen.

Weiterhin wird die Bereitschaft verlangt sich selbst in Frage zu stellen und die Welt einmal – mit einem fremden Blick – aus einer anderen sozialen, kulturellen und politischen Perspektive wahrzunehmen, um zu erkennen, daß der eigene Standpunkt nicht das Maß aller Dinge ist und ebenso befremdlich auf Menschen aus anderen Kulturen wirken kann.[133]

Es geht also darum die Aufgeschlossenheit und Akzeptanz der TeilnehmerInnen zu fördern, um sich mit den Problemen und der Andersartigkeit des/der Fremden zu beschäftigen.

Ambiguitätstoleranz

Damit ist die Fähigkeit gemeint, „Situationen und Konflikte aushalten zu können, in denen verschiedene Positionen mit gleichem Wahrheitsanspruch aufein-

---

[130] Keller/Novak, Kleines Pädagogisches Wörterbuch, Freiburg 1983, S.84; in: Fuß, a.a.O., S.24
[131] vgl. Bloom, B.S. u.a.: Taxonomie von Lernzielen im kognitiven Bereich; Weinheim 1972; in: Lenhard, H., Internationaler Jugendaustausch, Konzeption und Mitarbeiterbildung, München 1979, S.58
[132] vgl. Dt. Pfadfinderschaft St. Georg, a.a.O., S.19
[133] vgl. ebd., S.19

andertreffen."[134] Unklare Situationen, wie sie gerade in der Begegnung mit Fremden häufiger auftreten, verlangen von den TeilnehmerInnen, daß sie mit Ambivalenzen umgehen können; beispielsweise auf die unmittelbare Klärung eines Widerspruchs oder eines nicht verstandenen Sachverhaltes zu verzichten.

Gleichzeitig kommt dem Ansprechen von kulturellen Unterschieden sowie dem Austragen von kulturellen Konflikten eine nicht zu unterschätzende Bedeutung zu.

Denn „Menschen (tendieren) offenbar dazu, ihre Gefühle und ihr Denken über andere Menschen in Übereinstimmung zu bringen, d.h. dazwischen bestehende Widersprüche, Dissonanzen zu reduzieren."[135]

Diese Tendenz kann sich in internationalen Jugendbegegnungen in einer Haltung von gegenseitiger Höflichkeit ausdrücken, welche die negativen Gefühle gegenüber dem Anderen (Fremden) unter den Tisch kehren.[136] Eine derartige Haltung läßt aber keine „fruchtbare Begegnung" zu, sprich sie hat auch kein gegenseitiges Lernen zur Konsequenz.

Interkulturelles Lernen setzt das Zulassen und Austragen von Dissonanzen und Konflikten voraus, was im anderen Extrem aber nicht dazu führen darf, daß ein weiteres Miteinander unmöglich wird.

Somit lassen sich zwei Fehlverhalten im Umgang mit Interessenkonflikten feststellen: zum einen

- das „unter den Teppich kehren", also das Nichtaustragen des Konfliktes und zum anderen

- das Blockieren jeglichen weiteren Miteinanders und somit der Verwandlung des Unterschieds in Feindschaft.

Stattdessen kann nur ein geduldiges und produktives Austragen des Konfliktes den Verständigungsprozeß weiterführen.[137]

Auf einen weiteren wichtigen Gesichtspunkt sei hier hingewiesen, nämlich das in Konfliktsituationen die kulturellen Unterschiede oftmals nur von untergeordneter Bedeutung sind und individuelle Gründe (beispielsweise schicht-, geschlechts- oder statusspezifische) eine bedeutendere Rolle spielen, diese aber meist nicht erkannt werden. Aufgrund dieser Erkenntnis sollten Konflikte genauer analysiert und nicht sofort auf kulturelle Unterschiede zurückgeführt werden.

---

[134] ebd., S.19
[135] DFJW, Arbeitstexte Nr.7, a.a.O., S.29
[136] vgl. Rademacher, a.a.O., S.26
[137] vgl. DFJW, Arbeitstexte Nr. 8, Bad Honnef, Neuauflage 1994, S.51f

Kommunikationsfähigkeit

Hierunter versteht man die Fähigkeit sich mitzuteilen, was eben meist mit dem Verbalisieren von Interessen, Gefühlen, Bedürfnissen, Erfahrungen oder Beobachtungen verbunden ist. Diese kann aber auch in Form von nonverbaler Kommunikation geschehen, wenn beispielsweise keine gemeinsame Sprache gesprochen wird oder wenn es um Metakommunikation, also der Kommunikation über die Kommunikation kommt, wie z.b. durch pantomimische oder rollenspielartige Darstellung von kulturell bedingten Kommunikations- oder Interaktionsproblemen.[138]

Die oben erwähnten sozialen Kompetenzen machen deutlich, daß es sich im wesentlichen um die Entwicklung von *Interaktionsfähigkeit* und *Handlungskompetenz* – die es gilt bei den TeilnehmerInnen zu entwickeln bzw. zu steigern – handelt.

Als Grundvoraussetzung, daß diese verschiedenen Fähigkeiten entwickelt bzw. gesteigert werden können, sehe ich ein Mindestmaß an Offenheit und Neugierde der Jugendlichen gegenüber anderen Kulturen als notwendig an.

Diesen hohen Anforderungen bezüglich der Aneignung sozialer Kompetenzen, die aus der „Interkulturellen Pädagogik" (langzeitpädagogischen Maßnahmen) entnommen sind und als notwendig erachtet werden, um den Prozeß des interkulturellen Lernens erfolgreich zu gestalten, sind in Kurzzeitbegegnungen – um die es in diesem Kontext geht – wohl nur bedingt nachzukommen.

Sicherlich sind die Möglichkeiten interkulturellen Lernens in kurzzeitpädagogischen Maßnahmen begrenzt, um so mehr sehe ich deshalb die TeamerInnen gefordert, die durch eine gute Aus- und der Möglichkeit zur Fortbildung qualifiziert sein sollten, um den Prozeß des gegenseitigen Lernens zu fördern.

6.2 Methodisch-didaktische Überlegungen und Anregungen

Zu pädagogischen Methoden in der internationalen Jugendarbeit sind – nach Ergebnissen forschungsorientierter Programme des Deutsch-Französischen Jugendwerkes – folgende Erkenntnisse, welche nur die wichtigsten darstellen, zu beachten:

- „pädagogische Methoden sind kulturell nicht neutral, d.h. sie enthalten Wertentscheidungen der jeweiligen Kulturen;
- nationale pädagogische Methoden sind nur begrenzt für die internationale Arbeit einzusetzen, da die mit ihnen verbundenen, oft impliziten

---

[138] vgl. Friesenhahn, G., Zur Entwicklung interkultureller Pädagogik, Berlin 1988, S.179

Zielsetzungen nicht unbedingt mit den Zielsetzungen... des internationalen Austauschs übereinstimmen."[139]

Bei der Anwendung methodischer Hilfsmittel ist außerdem zu berücksichtigen, daß – bezüglich des Lernens – jedeR Mensch auf einer anderen Ebene zugänglich ist. Es werden drei Lerntypen unterschieden:

- der *visuelle* Typ,
- der *auditive* Typ,
- der *haptische* Typ.[140]

Der *visuelle* Typ lernt am besten, wenn er z.b. Bücher und Zeitungen liest oder Filme, Fotos und Schaubilder betrachtet.

Der *auditive* Typ erschöpft sein Potential indem er Tonaufnahmen oder Vorträge hört.

Dem *haptischen* Typ schließlich gelingt das Verstehen am besten, indem er sich aktiv und engagiert an einer Diskussion beteiligt. „Für diesen Typ ist die Kommunikationsstrategie Verstehen und Effektivität durch feed-back-Schleifen besonders geeignet."[141]

In einer internationalen Jugendbegegnung sollte darauf geachtet werden, daß alle drei Lernebenen in der methodischen Auswahl berücksichtigt werden.

Im folgenden einige Tips, die das Lernen in der Gruppe erleichtern können:

- „Lernperioden und Pausen so verteilen, daß die Aufnahmefähigkeit nicht überstrapaziert wird. Lassen Sie geistig-aktive mit körperlich-aktiven Phasen abwechseln!"
- „die Inhalte so darbieten, daß die TeilnehmerInnen Spaß daran haben."
- „die TeilnehmerInnen niemals zu Passivität und Nichtstun verurteilen;" die TeamerInnen „sollten versuchen, die Bedürfnisse und Probleme der Jugendlichen zu erkennen und anzusprechen;"
- „Lehrstoff so aufzeigen, daß der größere Zusammenhang deutlich wird; die logischen Querverbindungen müssen erkennbar sein bzw. hergestellt werden;"
- „Inhalte auf verschiedenen Ebenen präsentieren, z.B. mit Hilfe visueller und auditiver Medien."[142]

Durch den Einsatz einer Video-Kamera können beispielsweise unbewußte Verhaltensweisen sichtbar gemacht und „Aha-Effekte" erzielt werden.

---

[139] DFJW, Arbeitstexte Nr.8, a.a.O., S.43f
[140] vgl. Amt für Multikulturelle Angelegenheiten, a.a.O., S.79f
[141] ebd., S.80
[142] vgl. ebd., S.80f

Doch ist im Umgang bzw. mit dem Einsatz einer Video-Kamera Einfühlungsvermögen seitens der TeamerInnen gefragt und Rücksicht auf etwaige Ängste von TeilnehmerInnen zu nehmen, denn für die meisten Menschen ist das Arbeiten mit der Video-Kamera ungewohnt. Deshalb ist die Video-Kamera erst einzusetzen, wenn ein gewisses Maß an Vertrauen innerhalb der Gruppe und den TeamerInnen gegenüber entstanden ist.[143]

Ebenso können auch Filme eingesetzt werden, die sich als Einstieg zum Thema „Interkulturelles Lernen" als hilfreich erwiesen haben, z.b.

- „Brot und Schokolade"
- „Out of Rosenheim"
- „My beautiful Launderette"
- „Malcolm X".[144]

Im Anschluß an den Film kann der folgende (in Kurzform dargestellte) Frageleitfaden, der sehr allgemein gehalten ist und für den jeweiligen Film modifiziert werden sollte, als Anregung zu einer Gruppendiskussion dienen:

- „Wie lautet das Leitmotiv, das Thema (nicht die Moral) des Films? Ist es universell, allgemeingültig?"
- „Wie realistisch fandest du den Film? Kannst du einen Bezug zu deinen eigenen Erfahrungen herstellen?"
- Kannst du eine bestimmte Situation nennen, in der deine Erwartungen nicht eintraten, „z.B. als sich eine Person in einer anderen Kultur oder ungewohnten Umgebung befand?"
- „Inwieweit trägt deiner Ansicht nach die Zugehörigkeit zu deiner Kultur dazu bei, diese Erwartungen auszulösen?"
- „Welche Gefühle wurden ausgelöst, als deine Erwartungen im Verlauf des Films nicht eintraten?"
- „Wie illustriert der Film den Prozeß der Stereotypisierung?"[145]

Video-Kameras und andere Medien sowie auch Filme können bei den Landesbildstellen und bei lokalen oder regionalen Medienstellen ausgeliehen werden. Eine Übersicht über derartige Anlaufstellen in der BRD ist u.a. in dem Buch von *Gerd Brenner und Horst Niesyto, Handlungsorientierte Medienarbeit, Weinheim 1993* zu finden.

Die Gruppendiskussion bietet sich als ein effektiver Weg des Lernens an, in der u.a. Konflikte ausgetragen, Lösungskonzepte für die jeweilige Arbeitssituation

---

[143] vgl. ebd., S.81f
[144] Otten/Treuheit, a.a.O., S.104
[145] Amt für Multikulturelle Angelegenheiten, a.a.O., S.86f

erarbeitet oder unterschiedliche Erfahrungen und Einstellungen ausgetauscht werden können.

Die Funktion der TeamerInnen besteht während der Diskussionsrunde in der Moderation, d.h. nicht ihre Meinungen und Ansichten sind gefragt, sondern die der TeilnehmerInnen. Aus diesem Grund beschränken sie sich nur auf die Moderation und ggf. Intervention der Diskussion.

Folgende Überlegungen, um nur einige zu nennen, sind dabei zu berücksichtigen:

- „Benutzen Sie Arbeitsmittel (z.B. auch eine Ausdrucksweise), mit denen die TeilnehmerInnen vertraut sind; erklären Sie schwierige Sachverhalte möglichst in einer nicht-akademischen Sprache."
- „Beginnen Sie ihre Diskussion mit einer provokativen These, einem Plakat, einem Videofilm, einem Text oder anderen Materialien, um die TeilnehmerInnen aus der Reserve zu locken, Emotionen auszulösen und zur Diskussion anzuregen. Seien Sie dann aber auch auf das entsprechende Thema vorbereitet!"
- „Ermutigen Sie die TeilnehmerInnen dazu, ihre Ideen und Gedanken zu formulieren."
- „Motivieren Sie die TeilnehmerInnen, zu ihren Ideen zu stehen und sie zu verteidigen."
- „Stellen Sie ihre Fragen so, daß eine Diskussion in Gang kommen kann; vermeiden Sie Ja/Nein-Fragen! Diese Fragen können allerdings nützlich sein, um schüchterne Personen mit einzubeziehen."
- „Bemühen Sie sich darum, den TeilnehmerInnen durch Offenheit und Akzeptanz etwaige Furcht oder Unlust zu nehmen,... ."
- „Wenn Ihnen eine Äußerung gar zu abwegig erscheint, bitten Sie die TeilnehmerIn, Beispiele anzuführen oder den Punkt näher zu erläutern."[146]

Für die allgemeine Erkundung der Stimmung und Interessen der einzelnen TeilnehmerInnen bzw. der Gruppe eignet sich besonders das *„Blitzlicht"*. Ebenso ist es bei Unstimmigkeiten oder Unzufriedenheit in der Gruppe anwendbar, da jedeR aufgefordert ist seine Meinung zu sagen und so eine Transparenz der Gruppensituation entsteht.[147]

Folgende Regeln sind dabei zu beachten:

---

[146] ebd., S.83f
[147] vgl. AWO, a.a.O., S.79

„Jedes Gruppenmitglied muß sich am Gespräch beteiligen. Es darf jedoch auch sagen, daß es sich im Augenblick nicht äußern kann oder will. Eine/r beginnt, und die anderen schließen sich in der Reihenfolge der Sitzordnung an (nicht durcheinander wegen der möglichen Unübersichtlichkeit und Rückzugsmöglichkeit Einzelner). Der Einzelne darf nicht unterbrochen werden. Meinungen werden nur angehört und nicht diskutiert, d.h. jeder muß seine Meinung ungestört sagen können. Gegebenenfalls kann nach der Durchführung des Blitzlichts eine gemeinsame Diskussion stattfinden."[148]

Das Konzept der Themenzentrierten Interaktion (TZI) von *Ruth Cohn*, welches für die Arbeit in Gruppen entwickelt wurde, läßt sich ebenfalls auf internationale Teams anwenden. Im Anhang unter *Dokument 1* habe ich diese Methode dargestellt. Zur weiteren Vertiefung sei auf die einschlägige Literatur, die zu diesem Thema erschienen ist, verwiesen.

Die methodisch-didaktischen Überlegungen bzw. Anregungen sind hiermit natürlich nicht erschöpft – was im Rahmen meiner Diplomarbeit auch nicht zu leisten wäre – trotzdem denke ich verschiedene Aspekte und Ansatzwege aufgezeigt zu haben die interkulturelles Lernen fördern können.

6.2.1 Überlegungen zu Spiele und Übungen

Spiele und Übungen sind methodische Hilfsmittel, die dazu dienen können den interkulturellen Lernprozeß anzustoßen. Sie haben den ganz entscheidenden Vorteil, daß sie über das kognitive Lernen hinaus einen affektiven (durch das emotionale Erleben an der eigenen Person) und somit intensiveren Zugang ermöglichen. Zudem ist im Spiel in einem begrenzten Umfang das Ausklammern der Sprache möglich – die sich in interkulturellen Begegnungen oft als Kommunikationsbarriere erweist – ,so daß nonverbale Mittel eingesetzt werden können.

Gleichzeitig ist aber anzumerken, daß interkulturelles Lernen ganz ohne sprachliche Verständigung nicht funktionieren wird, da zumindest ein sprachlicher Austausch notwendig ist um das im Spiel erfahrene nachher mitzuteilen und sich in der Gruppe auszutauschen.

Im Spiel wird eine reale Situation nachgestellt, aber mit dem wichtigen Unterschied, daß die Spielsituation nicht wirklich Realität ist und die Folgen der Handlungen nicht wirklich passieren.

Den entscheidenden Aspekt des Spiels stellt der Prozeß dar; „der Ablauf der Handlung, die Tätigkeit selbst ist interessant" und nicht irgendein Ereignis oder ein Produkt.[149]

---

[148] ebd., S.79
[149] Klawe/Matzen, a.a.O., S.79

Darüber hinaus darf natürlich nicht vergessen werden, daß der Spaß zum Spiel dazugehört und dadurch auch zu individueller und kollektiver Freude sowie Geselligkeit in der Gruppe beiträgt. Spiele können eben auch als Katalysator fungieren und gruppendynamische Prozesse in Gang setzen, gerade in der meist recht „steifen" Anfangssituation.

Mit Hilfe von Rollenspielen können stereotype Rollenklischees wie auch Konfliktsituationen nachgestellt oder Handlungsstrategien eingeübt werden und diese eröffnen damit die Möglichkeit alternative Lösungsperspektiven aufzuzeigen.

Rollenspiele gehören zu den Interaktionsspielen und werden häufig zur Realitätsbewältigung herangezogen und stellen somit eine Art „Quasi-Realität" dar. Ambiguitäts- und Frustrationstoleranz sowie Rollendistanz können im Rollenspiel geübt werden.[150]

Die Verlaufsphasen und ein Beispiel der Anwendung von Rollenspielen habe ich im Anhang unter _Dokument 2_ angeführt.

Um Lernprozesse – in unserem Kontext interkulturelle Lernprozesse – zu initiieren, bedarf es aber immer der besonderen Berücksichtigung der Zielgruppe, dem örtlichen und organisatorischen Rahmen sowie nicht des richtigen zeitlichen Einsatzes bezüglich spielpädagogischen Methoden.[151]

Für das Gelingen eines Spiels werden als wichtige Voraussetzungen das miteinander Korrespondieren von Spielraum, -material und -regel angesehen.[152]

Aber ebenso entscheidend ist eine gute Einführung und Erklärung des Spiels durch den/die SpielleiterIn, denn Nichtverstehen führt leicht zu Frustration sowie Unlust und kann von vornherein jedes Spiel zum Mißerfolg führen.

Bei diesen ganzen Betrachtungen darf ein wesentlicher Aspekt nicht vergessen werden, nämlich das die Spiele und Übungen die wir einsetzen nicht kulturneutral sind, sondern meist aus der deutschen bzw. angelsächsischen Tradition stammen. Somit können bestimmte Spiele durchaus Unmuts- oder Befremdungsreaktionen bei gewissen TeilnehmerInnen auslösen. Aus der Praxis ist bekannt, daß Franzosen beispielsweise auf Spiele mit Körperkontakt meist sehr zurückhaltend reagieren, da es für sie ein sehr intimes Handeln darstellt.[153]

Aber nicht nur, daß die Spiele einen kulturspezifischen Einfluß haben, auch der Umgang mit Spielen ist kulturell unterschiedlich. So darf es nicht verwundern, wenn TeilnehmerInnen mit Spiel bisher nur Wettbewerbs- oder Kampfspiele verbunden haben und ein kooperativer und lernorientierter Umgang damit für sie eine ganz neue Erfahrung darstellt.

---

[150] vgl. Rademacher, a.a.O., S.46
[151] vgl. Müller/Kosmale, a.a.O., S.48
[152] vgl. Twellmann, 1984, S.198; in: Rademacher, a.a.O., S.39
[153] vgl. Müller/Kolmale, a.a.O., S.48

Bei TeilnehmerInnen aus anderen Kulturkreisen kann beispielsweise der Realitätsbezug beim spielen stärker ausgeprägt sein. Weiterhin kann es auch unterschiedliche Auffassungen bezüglich der Einhaltung von Spielregeln geben.[154]

Welche Zielorientierungen mit den Spielen verbunden werden, hat *Rademacher* wie folgt aufgezeigt:

- „Bewußtwerden der eigenen kulturellen Hintergründe
- Wissen über die andere Kultur erwerben, Hintergrundwissen über Sozialisationszusammenhänge und -strukturen vermitteln
- Neugierde auf das Fremde wecken
- sich in fremde Kulturen einfühlen können (Empathie)
- Wahrnehmungsfähigkeit erhöhen und Sensibilität für Unterschiede zwischen Kulturen (im Wahrnehmen, Denken usw.) wecken
- Gemeinsamkeiten und Unterschiede feststellen und letztere auch akzeptieren können
- verschiedene Normen erkennen und einschätzen lernen (die eigenen und die des Gastlandes)
- Bereitschaft wecken, sich Konflikten zu stellen und diese auszutragen
- Bereitschaft wecken, sich eigene Vorurteile einzugestehen
- Selbstwertgefühl (Ich-Identität) stärken"[155]

6.2.1.1 Eine Auswahl möglicher Spiele

Im Anhang – von *Dokument 3 bis 12* – habe ich ausgewählte Spiele angeführt, und zwar für die Bereiche:

- Kennenlernen
- Wahrnehmung/Assoziationen
- Kommunikation/Interaktion
- Auseinandersetzung mit dem Fremden
- Sensibilisierung für fremde Kulturen
- Kulturelle Identität/Kulturvergleich
- Vorurteile

Als Hinweis sei abschließend noch erwähnt, daß Spiele und Übungen immer auch unter Berücksichtigung der jeweiligen Seminarsituation bzw. den Bedürfnissen der TeilnehmerInnen eingesetzt werden sollten und gegebenenfalls konkretisiert oder abgewandelt werden müssen.

---

[154] vgl. Rademacher, a.a.O., S.41
[155] Rademacher/Wilhelm, Spiele und Übungen zum Interkulturellen Lernen, Berlin 1991, S.13

6.2.2 Medien- und Theaterarbeit

Neben dem Einsatz von Spielen und Übungen bietet die Medien- und Theaterarbeit eine gute Voraussetzung interkulturellen Lernens, weil hierbei ebenfalls neben den kognitiven auch emotionale Erfahrungen gemacht werden und darüber hinaus die Grenzen (verbaler) Kommunikation überwunden werden können. Die Arbeit mit Medien und Theater stellt eine kreative und ästhetische Auseinandersetzung mit der (Um-)Welt dar. Außerdem kann sich über Sprachgrenzen hinweg, beispielsweise mit Bildern oder Musik eine interkulturelle Verständigung entwickeln, da den Beteiligten durch das gemeinsame Arbeiten deutlich wird, daß es die „eine Sicht" eines Sachverhaltes nicht gibt.[156]

Als Medien werden dabei hauptsächlich:

- *visuelle* (Foto, Video, Computer), und
- *auditive* (Ton, Radio)

verstanden.

Aber auch Printmedien, wie z.B. das Erstellen einer Zeitung oder Collage sowie die Verbindung auditiver und visueller Medien zu einer Ton-Diashow sind Möglichkeiten der Nutzung.

Im Kontext mit Medien spreche ich hier immer von handlungsorientierter Medienarbeit, d.h. das selbständige Aneignen und Arbeiten der Jugendlichen mit den verschiedenen Medien steht im Vordergrund.

Durch das eigene aktive Handeln ist – ebenso wie in der Theaterarbeit – die Möglichkeit eines intensiveren Zugangs zu bestimmten Themen oder Problematiken gegeben.

In der Theaterarbeit besteht die Möglichkeit eines spielerischen, kreativen Umgangs mit verschiedenen Themenbereichen. Durch das Stilprinzip der Übertreibung können zum Beispiel heikle Themen auf die Bühne gebracht werden. „Stereotypen über die jeweils andere Nationalität lassen sich im Theater mit Phantasie und Humor so darstellen, daß sie – statt Peinlichkeit – bei den Zuschauern befreiendes Lachen und neugierige Fragen auslösen. Es ist allemal besser, in einer kreativen, vertrauensvollen Atmosphäre allseits bekannte Vorurteile zu thematisieren, als sie aus Höflichkeit und falsch verstandenem Harmoniebedürfnis zu tabuisieren."[157]

Die Erfahrungen der Hessischen Jugendbildungsstätte Dietzenbach bestätigen, daß in binationalen Theaterproduktionen, die als ein- bis zweiwöchige Workshops organisiert werden, gegenseitige Lernprozesse möglich sind. „So bleibt es nicht aus, daß sich im Laufe der gemeinsamen Arbeit sowohl das Spiel der Deutschen als auch der jeweiligen ausländischen Gruppe ändert, nicht nur weil

---

[156] vgl. Otten/Treuheit, a.a.O., S.196
[157] Hessische Jugendbildungsstätte Dietzenbach, Dossier - 25 Jahre, Dietzenbach 1996, S.47

sie Elemente des jeweils anderen aufgreifen, sondern auch, weil sie sich der eigenen Spielweise bewußter werden."[158]

Wie solch ein künstlerisches Projekt aussehen kann habe ich anhand der „Jugend-Kultur-Werkstatt Gallus" (Frankfurt/M.), die mit sozial benachteiligten Jugendlichen arbeitet, im Anhang unter <u>Dokument 13</u> dargestellt.

Das von *Augusto Boal* entwickelte „Statuentheater" – das ich im Anhang unter <u>Dokument 14</u> beschrieben habe – halte ich ebenfalls als geeignet um interkulturelle Lernprozesse einzuleiten. Zudem wird dabei noch auf die Sprache als Verständigungsmittel verzichtet.

Gerade im interkulturellen Bereich sehe ich die Vorteile von Methoden, die einen affektiven, erlebnisorientierten Zugang ermöglichen. Aufgrund emotionaler Erfahrungen ist der anschließende Einsatz kognitiver Methoden, wie eine Diskussion sie darstellt, nicht nur hilfreich, sondern zur Selbstreflexion und Metakommunikation sinnvoll und notwendig.

Auf einen wichtigen Aspekt möchte ich noch hinweisen. Es ist durchaus legitim Medien- und Theaterarbeit als Methode im pädagogischen Kontext einzusetzen, gleichzeitig ist sie aber nicht nur auf ein methodisches Hilfsmittel sozialpädagogischer Arbeit zu reduzieren. Denn Medien- und Theaterarbeit – im Kontext kultureller Sozialarbeit – hat bzw. sollte den Anspruch haben prozeß- <u>und</u> produktorientiert zu arbeiten. Dies bedeutet, daß neben dem Hauptinteresse an der/dem KlientIn ein künstlerischer, ästhetischer Anspruch an das Endprodukt besteht bzw. bestehen sollte.

6.2.3 Der Gruppenverlauf unter methodisch-didaktischen Gesichtspunkten und Interventionsmöglichkeiten

Bei der nun folgenden Phasendiskussion handelt es sich um generalisierte Ergebnisse aus einer Reihe empirischer Beobachtungen sowie Erkenntnissen aus mehr als zehnjähriger Erfahrung in diesem Arbeitsgebiet von *Hendrik Otten*. Dabei sollen die didaktischen Maßnahmen nicht als „Rezepte" verstanden werden. Gleichwohl haben sie sich aber in der Praxis bewährt und sind deshalb durchaus übertragbar.[159]

Ich werde dieses Gruppenphasen-Modell nur in Kurzform darstellen können und deshalb nur einige Aspekte herausgreifen. Desweiteren verweise ich auf die unter diesem Punkt angegebene Literatur.

---

[158] ebd., S.47
[159] vgl. Otten, H., Zur politischen Didaktik interkulturellen Lernens, Opladen 1985, S.58

Otten ist ein Vertreter der emanzipatorischen Pädagogik, die sich sowohl der Auseinandersetzung mit gesellschaftlichen – hier institutionellen – Zwängen verpflichtet fühlt, als auch zur Einübung von Konfliktaustragungsstrategien.[160] Er unterteilt den Gruppenprozeß internationaler Jugendbegegnungen in folgende Verlaufsphasen:

- *Ankunft*
- *Individuelle Orientierung*
- *Konflikte*
- *Individuelle Konsequenzen und Probleme der Gruppenstruktur*
- *Auswertung.*[161]

Die *Anfangsphase* ist im wesentlichen bestimmt durch eine ungewohnte Situation, die durch eine fremde Umgebung und fremde TeilnehmerInnen sowie TeamerInnen gekennzeichnet ist. Deshalb sollte ein erstes Bekanntmachen der Jugendlichen und TeamerInnen miteinander möglichst bald nach der Unterbringung erfolgen.

Die TeamerInnen sollten sich dabei nicht nur in ihrer „Funktion" vorstellen, sondern darüber hinaus auch etwas über sich selbst mitteilen.

Weiterhin sind die TeilnehmerInnen über den festgelegten Inhalt und Ablauf der Begegnung zu informieren und eventuelle Änderungen und Ergänzungen sind zu ermöglichen, denn Änderungen sollten nicht durch irgendwelche Sachzwänge verhindert werden. Zudem sollte eine kritische Partizipation der Jugendlichen angeregt werden.[162]

Ein weiterer wesentlicher Schritt in dieser Phase ist das Anbieten einer gemeinsamen Erfahrung, um unterschiedliche Vorerfahrungen und emotionale Befindlichkeiten gemeinsam zu nutzen. Beispielsweise könnte ein nonverbaler Kurzfilm gezeigt werden und je nach Erleben von den TeilnehmerInnen nachgespielt werden. Die verschiedenen Rollen im Film werden dabei an der Tafel notiert.

Diese Form des Arbeitens bietet mehrere Vorteile, denn neben dem gemeinsamen Tun wird auf die Sprache verzichtet und ein zurückziehen in die nationale Gruppensicherheit verhindert. Darüber hinaus können Wahrnehmung und Verhalten „exemplarisch (unter Umständen auch kulturspezifisch) problematisiert werden" und der Spaß kommt meist nicht zu kurz.[163]

---

[160] vgl. ebd., S.60
[161] vgl. ebd., S.58
[162] vgl. ebd., S.61f
[163] ebd., S.62

In der *Orientierungsphase* wird versucht die neue Situation sowie die anderen TeilnehmerInnen anhand individueller Kriterien und Erfahrungen bzw. von Vorurteilen einzuschätzen. Die emotionale Unsicherheit wird durch nationale Gruppenorientierung kaschiert.[164]

In dieser Situation müssen die TeamerInnen Bedingungen schaffen, die die nationale Gruppenbildung als Fluchtmöglichkeit überflüssig macht und statt dessen Neugierde aufeinander geweckt wird. Dazu gehört das Schaffen einer Atmosphäre der emotionalen Sicherheit, in der Aspekte wie die eigene Vorurteilshaftigkeit oder des selektiven Wahrnehmens angegangen werden können. Ohne diese Atmosphäre des Vertrauens innerhalb der Gruppe ist auch keine thematisch orientierte Arbeit sinnvoll.[165]

Eine wirkungsvolle Herangehensweise – des Erkennens der individuell sowie kulturell geprägten Verhaltensweisen – ist das Erleben durch eigenes aktives Handeln, in Form von Spielen oder Rollenspielen. Denn nur eine theoretische Auseinandersetzung mit den Aspekten interkulturellen Lernens reicht nicht aus, da i.d.R. jedeR TeilnehmerIn zurückweist, beispielsweise vorurteilshaftig zu sein oder selektiv wahrzunehmen. [166]

In der Mitte des Seminarablaufs ist meist eine deutliche Zäsur aller Beteiligten spürbar, die mit Problemen und *Konflikten* einhergeht.

Die Suche nach Bestätigung des eigenen „richtigen" Verhaltens, Erleben von (eigenen) Grenzen; dominante und zurückhaltende Persönlichkeiten werden erkennbar und situationsbestimmend; das Team steckt in der Schwierigkeit sich behaupten zu müssen. Dies sind alles gruppenpädagogisch auffallende Merkmale in dieser Phase.[167]

Eine Phase der *individuellen Konsequenzen* folgt häufig der Konfliktphase; diese ist bestimmt durch: Nationalgruppenstrategien; Resignation, weil Erwartungen nicht erfüllt werden; die Konfliktaktualisierung wird verhaltensbestimmend. TeilnehmerInnen blocken zum Teil ab oder steigen aus, indem Freizeitwünsche oder z.B. Besichtigungen gefordert werden.[168]

Das Team ist jetzt gefragt, denn es gilt die Ursachen zu finden. Dies bedeutet eine gemeinsame Reflexion des bisherigen Seminarablaufs und der gemeinsamen Gruppenarbeiten. *Otten* schlägt zeitlich begrenzte Einheiten in nationalen Gruppen vor, als Vorbereitung für die gemeinsame Plenumsrunde. In diesem Rahmen können u.a. Vorbehalte gegenüber Teilnehmern aus anderen Ländern geäußert werden. Es gilt die Kernthesen so aufzubereiten, daß sie später im Plenum ohne allzu große Schwierigkeiten eingebracht werden können. Dabei eig-

---

[164] vgl. ebd., S.63
[165] vgl. ebd., S.63
[166] vgl. ebd., S.64
[167] vgl. ebd., S.65
[168] vgl. ebd., S.65f

net sich das Vortragen in Form von Berichterstattung, aufgrund der Sprachbarrieren am wenigsten. Vielmehr könnten eine Video-Montage oder eine Collage sowie auch spielerische Darbietungen vorgebracht werden.[169]

Die Aufgabe des Teams ist es bei der Präsentation der Ergebnisse der Kleingruppen, das Vorgebrachte aufzunehmen und besonders auf unterschwellig angesprochene Probleme zu achten und diese zu thematisieren.

Die Konsequenz dieser Reflexionsphase muß das Ermöglichen von verändertem Handeln sein, welches wiederum von den TeilnehmerInnen selbst gefunden werden sollte. Die TeamerInnen beschränken sich darauf Hilfestellungen zu leisten und gegebenenfalls Vorschläge für einen veränderten Begegnungsablauf offen entgegenzunehmen.[170]

Die letzte Phase ist die der *Auswertung*; diese Reflexion dient seitens der TeamerInnen zur Überprüfung ihrer vorher gesteckten Seminarziele mit der Realisierung sowie der Möglichkeiten des Transfers der gemachten Erfahrungen und entwickelten Erkenntnissen in die Alltagssituation.

Zur Einleitung der Auswertung sollten noch einmal die individuellen Erwartungen an die Begegnung rekapituliert werden. Dies kann zuerst in Kleingruppen mit Jugendlichen aus verschiedenen Ländern erfolgen und z.B. mit der Video-Kamera festgehalten und anschließend im Plenum gezeigt werden. Andere Formen der Darbietung können natürlich auch gewählt werden.

Es geht in der Auswertung nicht darum, ob etwas richtig oder falsch gemacht wurde, sondern darüber nachzudenken, wie man es hätte besser machen können.[171]

Meine Absicht der Darstellung dieser Phasenbeschreibung liegt darin deutlich zu machen, daß interkulturelles Lernen wie auch jede andere Form des Lernens didaktisch vorbereitet und überdacht werden muß.[172]

6.3 Für eine Pädagogik interkulturellen Lernens

Wie ich schon erwähnt habe gibt es noch keine Pädagogik des internationalen Jugendaustausches. Bereits in der *Breitenbach-Studie* von 1979 wurde darauf hingewiesen, doch erst in den letzten Jahren sind Überlegungen bezüglich eines interkulturellen Ansatzes als Neuorientierung des internationalen Jugendaustausches angestellt worden.[173]

---

[169] vgl. ebd., S.66
[170] vgl. ebd., S.66f
[171] vgl. ebd., S.68f
[172] vgl. ebd., S.69
[173] vgl. Klawe/Matzen, a.a.O., S.62f

Einige zentrale Punkte dieser Überlegungen, die hauptsächlich aus der Praxis internationaler Jugendbegegnungen heraus begründet sind, werde ich hier darlegen.

Da interkulturelles Lernen eine spezifische Form sozialen Lernens darstellt, wie es *Breitenbach* definiert, sollte sich eine Pädagogik interkulturellen Lernens weniger an einer kognitiven Wissensanhäufung orientieren, sondern vielmehr an der Förderung von Interaktionsfähigkeit und Handlungskompetenz, durch praktisches Handeln im Dialog mit den anderen GruppenmitgliederInnen.

In einer primär kognitiv ausgerichteten Arbeit wird „die Notwendigkeit vernachlässigt, das Verhalten im Umgang miteinander, einschließlich des Alltagsverhaltens, einzuüben."[174]

Denn „eine Pädagogik interkulturellen Lernens muß an Alltagssituationen ansetzen, wenn sie Unterschiede nicht nur verbal aufdecken, sondern verständlich machen will."[175]

In der Praxis hat sich gezeigt, daß das konkrete Erleben des „sich-in-der-Problemsituation-befinden" entscheidend zu interkulturellen Lernprozessen beiträgt, wenn nicht gar eine Voraussetzung hierfür darstellt. Dies hat zur Folge, daß gruppendynamische Elemente stärker in die Lernprozesse einzubeziehen sind.

Das „gemeinsame Tun" durch erlebnisorientierte Programme, daß zu affektiven Bindungen der TeilnehmerInnen untereinander beiträgt, ist ein guter Ausgangspunkt für interkulturelles Lernen, doch stellt es für sich genommen nicht notwendigerweise eine Gewähr für Lernprozesse dar.[176]

Welche methodischen Hilfsmittel zur Umsetzung verwendet werden können und welche didaktischen Überlegungen u.a. dabei berücksichtigt werden müssen, habe ich in den vorangegangenen Punkten dargelegt.

Welche Aspekte Interaktionsfähigkeit und Handlungskompetenz im Einzelnen beinhalten habe ich bereits unter Punkt 6.1. („Pädagogische Lernziele als Voraussetzungen für Interkulturelles Lernen") aufgeführt. Das Erreichen der genannten Lernziele stellt somit ein wesentlicher Bestandteil einer Pädagogik interkulturellen Lernens dar.

Von besonderer Bedeutung ist dabei – um interkulturelles Lernen zu ermöglichen – „daß ein Bewußtseins- und Selbstreflexionsprozeß bei den TeilnehmerInnen ausgelöst wird."[177]

---

[174] DFJW, Arbeitstexte Nr.8, a.a.O., S.33
[175] DFJW, Arbeitstexte Nr.1, a.a.O., S.11
[176] vgl. ebd., S.34
[177] siehe auch DFJW, Arbeitstexte Nr.9, Bad Honnef, Neuauflage 1995 S.41

Jedoch ist darauf zu achten, daß „die gewohnten Wahrnehmungs- und Verhaltensmuster der Teilnehmer nur in dem Maße problematisiert werden (dürfen), wie die Teilnehmer imstande sind, diese Verunsicherung, ohne Angst und Aggressivität, zu ertragen."[178]

Die *Breitenbach-Studie* führt als weiteres wichtiges Moment an, daß es notwendig ist, die alltägliche interkulturelle Kommuniktation zu thematisieren, also Metakommunikation zu praktizieren. Wenn dies nicht geschieht – die Wahrnehmungen anderskultureller TeilnehmerInnen also ohne „feed-back" bleiben – besteht die Gefahr, daß sich Vorurteile verstärken können. Um sprachliche Kommunikationsprobleme zu berücksichtigen, können Aussagen durch nonverbale Verständigungsmittel, wie z.B. Pantomime oder Collagen ergänzt werden.[179]

Es ist die Aufgabe der TeamerInnen den interkulturellen Alltag und die damit auftretenden Konflikte in der Gruppe zum Thema zu machen. Der Umgang mit kulturellen Unterschieden in der Auseinandersetzung bedarf einer besonderen Diagnosefähigkeit seitens der TeamerInnen. Darüber hinaus verlangt die Komplexität interkultureller Probleme und Konflikte „ein genaues pädagogisches Gespür für verdeckte Fragen, die hinter thematisierten Unterschieden oft unbewußt mitschwingen."[180]

Bei den Überlegungen und Anregungen über Konzepte interkulturellen Lernens muß aber stets berücksichtigt werden, daß diese wiederum in einer kulturellen Tradition verwurzelt sind und deshalb nicht universell übertragbar sind.[181]

---

[178] DFJW, Arbeitstexte Nr.1, a.a.O., S.24
[179] vgl.Breitenbach, a.a.O., Bd. 5, S.40
[180] Freise, a.a.O., S.184f
[181] vgl. DFJW, Arbeitstexte Nr.14, a.a.O., S.32

7. Interkulturelles Lernen – Qualifikationsanforderungen an TeamerInnen

7.1 Aus- und Fortbildung von TeamerInnen

Wie ich schon in der Einleitung erwähnt habe, spielen für mich TeamerInnen eine entscheidende Rolle, ob interkulturelles Lernen stattfindet oder nicht. Die Folge daraus muß sein, daß sie in Aus- und Fortbildungsseminaren eine gute Qualifikation erhalten.

Aus der *Breitenbach-Studie* – die zwar schon einige Jahre zurückliegt, aber in vielen Bereichen immer noch aktuell sein dürfte – geht hervor, daß TeamerInnen von internationalen Jugendbegegnungen Qualifikationsdefizite aufweisen. Diese reichen von unklaren Vorstellungen über interkulturelles Lernen bis zu mangelhaften sozialen Kompetenzen.[182]

Es gibt mehrere Gründe für diese Defizite, doch im wesentlichen lassen sich zwei benennen:

- TeamerInnen von internationalen Jugendbegegnungen sind oftmals keine „Spezialisten", d.h. sie rekrutieren sich aus verschiedenen Tätigkeitsbereichen wie „Sozialpädagogen und Lehrer, Schüler und Studenten" unterschiedlicher Studienrichtungen,[183] deren Qualifikationen nur bedingt und nicht immer auf die internationale Jugendarbeit übertragbar sind;

- zudem gibt es immer noch keine Pädagogik interkulturellen Lernens (vgl. Punkt 6.3) und dies macht sich konkret in der Unklarheit über die Wirksamkeit von didaktischen und methodischen Lernhilfen – die erst vermehrt in den letzten Jahren entwickelt wurden – bemerkbar.[184]

Auf die erforderlichen Handlungskompetenzen von TeamerInnen werde ich im nächsten Punkt eingehen, deshalb beziehe ich mich hier auf Anregungen und mögliche Ansätze, die sich damit befassen, wie Aus- und Fortbildungsseminare inhaltlich gestaltet werden können.

Es wird aber nicht ausbleiben, daß einige Qualifikationsanforderungen schon in diesem Punkt erwähnt werden.

Mehrere Autoren (*Freise, Breitenbach* u.a.) beziehen sich oder verweisen auf das Schulungskonzept von *Blug und Kraus*, das sich auf eine breite Theorie- und Erfahrungsbasis berufen kann.[185] Ich werde aus diesem Konzept einige

---

[182] vgl. Breitenbach, a.a.O., Bd. 5, S.23
[183] Blug/Kraus, Mitarbeiterschulung in der Internationalen Jugendarbeit, Saarbrücken 1978; in: Freise, a.a.O., S.296
[184] vgl. Freise, a.a.O., S.296
[185] vgl. Breitenbach, a.a.O., Bd. 5, S.24

Aspekte herausgreifen und darüber hinaus eine Zusammenstellung der mir wichtigen und notwendigen Inhalte – verschiedener Autoren – bezüglich einer TeamerInnenschulung anführen.

Die Ausbildungssituation sollte dem späteren Tätigkeitsfeld, sprich der Begegnungssituation möglichst ähnlich sein. Aus diesem Grunde wird von mehreren Autoren angeregt, daß das Training in einer multinationalen Gruppe stattfinden sollte, denn TeamerInnen sollten notwendigerweise die Erfahrungen, welche die späteren BegegnungsteilnehmerInnen machen werden, selbst schon einmal erlebt und reflektiert haben. Es geht hierbei um die Integration des Erlebens und die Reflektion dieser Erfahrungen, um Einzelelemente in der späteren Praxis verfügbar zu machen.[186]

Ein zweites wesentliches Prinzip von Aus- und Fortbildungsseminaren stellt die Rolle der TeamerInnen in der Ausbildungssituation dar – da sie quasi in die Rolle der Jugendlichen „schlüpfen" – ,die es gilt ständig zu reflektieren, zu überprüfen und die Übertragbarkeit in die Situation der späteren internationalen Jugendbegegnung zu diskutieren.[187]

In dieser Transfer-Diskussion geht es um Fragen wie beispielsweise

- „welche Spezifikationen ergeben sich im Hinblick auf verschiedene Zielgruppen und die besonderen heimatlichen Bedingungen?
- Mit welchen anderen Methoden oder Möglichkeiten erreichen wir das definierte Ziel auch oder besser?"[188]

Ebenso ist es wichtig, daß sich die TeamerInnen untereinander mitteilen und unter Umständen damit auseinandersetzen, „was sie in bestimmten Situationen über das Verhalten" des anderen, „speziell derjenigen aus anderen Kulturen empfunden" haben.[189]

Sowohl Methoden, wie z.B. Spiele und Übungen, als auch vorgestellte Begegnungssituationen – diese als Rollenspiele – sollten simuliert und letzteres nach „feedback" und Alternativdiskussion erneut gespielt werden.[190]

Die TeamerInnen sollen eine Einführung und Vermittlung bezüglich der Anwendung in

- verschiedene Methoden;
- Techniken der Medienarbeit;
- Techniken der Animation sowie
- Techniken der Selbst-Evaluation

---

[186] vgl. ebd., S.23
[187] vgl. Otten/Treuheit, a.a.O., S.232f
[188] ebd., S.233
[189] DFJW, Arbeitstexte Nr.7, a.a.O., S.18
[190] vgl. Breitenbach, a.a.O., S.24

erhalten.[191]

Es geht u.a. darum, Verhaltensdefizite der TeamerInnen zu identifizieren und in simulierten Rollenspielen alternative Verhaltensweisen aufzuzeigen, mit der Intention einer Erweiterung ihres Verhaltens- sowie generelle Vermittlung von Fähigkeiten zur Erweiterung ihres Handlungsrepertoires.

Die Aus- und Weiterbildungsprogramme sollten sowohl Praxis- als auch Theorieelemente enthalten und der gegenseitige Bezug muß dabei deutlich werden.[192]

Otten/Treuheit regen eine theoretische Auseinandersetzung an, die folgende Ziele hat:

- „Vermittlung eines Verständnisses von *Kultur* als Ausdruck konkreter Interaktionen in sozialen Kontexten ('Alltags-Kultur', Verhaltensweisen, Attitüden/Mentalitäten etc.)

- Vermittlung eines Verständnisses von den Vorgängen und Prozessen der *Sozialisation* (Familie, Schule, Gesellschaft, Gruppen etc.?) und *Enkulturation* (was macht dich zum Franzosen, Belgier, Italiener etc.)."[193]

Zudem weisen die Autoren darauf hin, daß vor jeder Einheit eine Beschreibung des Lernzieles, „einschließlich der Begründung des Zusammenhangs mit interkulturellem Lernen und der Schritte, es zu erreichen (warum und wie)", zu geben ist.[194]

Ich stelle in Zweifel ob es immer sinnvoll ist vor jeder Einheit das Lernziel zu erläutern, denn u.a. kann damit schon die Spannung der Lerneinheit herausgenommen werden. Zumindest sollte aber eine Erklärung sowie eine angemessene Reflektionsphase nach der Lerneinheit erfolgen.

Abschließend möchte ich noch einige Hinweise und Bemerkungen zu Aus- und Fortbildungsprogrammen bezüglich interkulturellen Lernens hinzufügen.

Einige Autoren, die aus ihrer Praxiserfahrung im Rahmen des Deutsch-Französischen Jugendwerkes berichten, weisen darauf hin, daß TeamerInnen eine eigenständige Ausbildung zum Thema interkulturelles Lernen absolvieren sollten und eine „Zusatz-Ausbildung" nicht ausreichend wäre.[195]

Weiterhin fügen sie an, daß die Ausbildung zum interkulturellen Lernen kein festgefügtes System, wie z.B. die Schulpädagogik, darstellt und bewerten dieses gar nicht einmal negativ, weil bei einer zu starken Systematisierung die Qualität

---

[191] vgl. Otten/Treuheit, a.a.O., S.235
[192] vgl. ebd., S.28
[193] Otten/Treuheit, a.a.O., S.234
[194] Otten/Treuheit, a.a.O., S.233
[195] vgl. DFJW, Arbeitstexte Nr. 7, a.a.O., S.24

nicht unbedingt verbessert würde, „da eine Standardisierung nicht zu einer neuen Offenheit für das Fremde, das Andere, sondern eher zu neuen Scheuklappen" führen würde.[196]

Als Konsequenz dieses Standpunktes vertreten sie die Meinung, daß die Teilnahme an einer solchen Ausbildung als Anregung dienen soll, „sich selbst weiterhin mit den angesprochenen Fragen zu beschäftigen" und „sich anhand der praktischen Erfahrungen in Begegnungsprogrammen weiterzubilden". Dadurch würden aber noch keine hinreichenden Voraussetzungen für die spätere Tätigkeit vermittelt.[197]

Außerdem geht es, für die genannten Autoren, in der Ausbildung zum interkulturellen Lernen nicht um das Erlernen von Rezepten, sondern vielmehr um „das Erlernen einer Haltung, einer bestimmten Art, mit sich selbst und mit anderen umzugehen."[198]

Der angesprochene Punkt, daß die Ausbildungsseminare aus multikulturell zusammengesetzten Gruppen bestehen sollten, ist zwar wünschenswert, jedoch wird dieser Anspruch in der Praxis kaum realisierbar sein. Ein zentrales Problem hierbei stellt die mangelnde Bereitstellung finanzieller Mittel seitens der Zuwendungsgeber (Bundesjugendministerium, Kirchen etc.) dar. Hier wird eindeutig an der falschen Stelle gespart, denn es ist „aus einer Materialanalyse der von den Verbänden und Organisationen... vorgelegten Berichte... leicht zu belegen, daß neue pädagogische und programmatische Impulse vor allem aus den Organisationen stammen, die personell besser ausgestattet sind."[199]

Darüber hinaus könnten aber durch eine engere Zusammenarbeit der verschiedenen Verbände und Organisationen der internationalen Jugendarbeit im Bereich der Aus- und Fortbildung bessere Qualifizierungsmöglichkeiten für TeamerInnen ermöglicht werden. Zudem wäre es sinnvoll Supervisionsgruppen für TeamerInnen anzubieten.

Bezüglich Fortbildungsmöglichkeiten im Bereich workcamps, aber auch generell zur Leitung von internationalen Gruppen, habe ich im Anhang unter _Dokument 15_ Informationen über die sog. Langzeitausbildung – die von den „Internationalen Jugendgemeinschaftsdiensten" (IJGD) unter wissenschaftlicher Begleitung durchgeführt wird – dargestellt.

Darüber hinaus bietet das Deutsch-Französische Jugendwerk in seinem Programm „Ausbildung für interkulturelle Begegnungen" eine Übersicht über viele verschiedene Seminare zum Thema „Interkulturelles Lernen," die von verschiedenen Veranstaltern angeboten werden.

---

[196] ebd., S.21
[197] ebd., S.21
[198] ebd., S.17
[199] Breitenbach, a.a.O., Bd. 5, S.26

7.2 Handlungskompetenzen als Eignungsprofil für TeamerInnen

Mit dem Begriff Handlungskompetenzen impliziere ich hier generelle Qualifikationsanforderungen an TeamerInnen für internationale Jugendbegegnungen. Die im folgenden aufgeführten Handlungskompetenzen dürften zum einen vorausgesetzt werden und zum anderen Teil aber auch Inhalt von Ausbildungsseminaren bezüglich interkulturellem Lernen und somit neu zu erwerben sein.

Die für die internationale Jugendarbeit notwendigen Handlungskompetenzen können in zwei Dimensionen unterschieden werden, die sich gegenseitig ergänzen:

- die *instrumentellen* und
- die *kommunikativen* Kompetenzen.[200]

Die *instrumentellen* Kompetenzen lassen sich folgendermaßen präzisieren:

- Leitungserfahrung in Maßnahmen der nationalen oder internationalen Jugendarbeit;
- technische und organisatorische Kenntnisse bezüglich Austauschmaßnahmen, beispielsweise in Selbstorganisation, Planung oder Durchführung von Jugendbegegnungen;
- Fremdsprachenkenntnisse; wobei ich das nicht als unbedingtes Kriterium sehen würde, wenn eine Verständigung auch anders ermöglicht werden kann;
- landeskundliche Kenntnisse und eventuell Auslandserfahrungen, zumindest aber Hintergrundwissen über andere Kulturstandards;
- ein ausreichendes Methoden- und Spielerepertoire und Kenntnisse über ihre Einsatzmöglichkeiten;
- Kenntnisse bezüglich der Gruppendynamik, d.h. Gruppenprozesse erkennen und steuern können;
- Moderationskompetenz, um beispielsweise Gruppendiskussionen oder Spiele anzuleiten.[201]

Die *kommunikativen* Kompetenzen habe ich schon weitgehend unter Punkt 6.1 „Pädagogische Lernziele als Voraussetzungen für Interkulturelles Lernen" dargestellt, deshalb werde ich hier nicht mehr so ausführlich darauf eingehen. Im Gegensatz zu den Jugendlichen, bei denen es gilt die unter Punkt 6.1 genannten sozialen Kompetenzen zu entwickeln, sollten diese bei den TeamerInnen vor-

---

[200] vgl. DFJW, Arbeitstexte Nr.13, Bad Honnef 1996, S.114f
[201] vgl., ebd., S.115

ausgesetzt werden. Darüber hinausgehend als wichtige Voraussetzungen anzusehen sind:

- Aufgeschlossenheit sowie die Bereitschaft zur Infragestellung von Prinzipien und Gewohnheiten;
- Kreativität, Flexibilität, Phantasie und Neugierde (um beispielsweise auch mit unbekannten Situationen umgehen zu können);
- Gelassenheit, Geduld und Akzeptanz sowie Toleranz (um z.b. auch in kontroversen Situationen Gruppenprozesse noch lenken zu können);
- Konflikt- und Konsensfähigkeit sowie die Fähigkeit unter den TeilnehmerInnen vermitteln zu können;
- Offenheit für Neues und Fremdes und die Fähigkeit zuhören zu können;
- das Wissen um die eigenen Grenzen, denn nicht jedeR kann in allen Bereichen gut (qualifiziert) sein. Dies setzt die Fähigkeit zur Selbstkritik voraus, um den eigenen Kenntnis- und Erfahrungsstand richtig einschätzen zu können.[202]

Der oben aufgeführte Katalog von Qualifikationsanforderungen an TeamerInnen von internationalen Jugendbegegnungen bezüglich kommunikativer Kompetenzen soll aber nicht so aufgefaßt werden, daß jedeR über alle diese Fähigkeiten verfügen müßte – wozu ohnehin kaum jemand in der Lage wäre – sondern er ist als ein Katalog möglicher Handlungskompetenzen zu verstehen. Denn die Formulierung eines persönlichen Eignungsprofils ist außerordentlich problematisch, weil u.a. der Erfolg (im Sinne nachweisbarer Effizienz) sich nicht definieren läßt. Hierbei sei auf die Forschungsergebnisse bezüglich eines Eignungsprofils für LehrerInnen hingewiesen, welches aufgestellt wurde, sich aber in der Praxis nicht bestätigen ließ.[203]

---

[202] vgl., Amt für Multikulturelle Angelegenheiten, a.a.O., S.69
[203] vgl. Breitenbach, a.a.O., Bd. 5, S.21

8. Internationale Jugendarbeit

Zunächst einmal möchte ich eine nähere Definition – des Bundesministers für Jugend, Familie und Gesundheit (1975) – geben, was internationale Jugendarbeit alles umfaßt:

„Jugendbegegnungen, Jugendaustausch sowie andere Kontakte von jungen Menschen, Führungskräften und Verantwortlichen der Jugendarbeit aller Nationalitäten im In- und Ausland. Internationale Jugendarbeit will durch Begegnung und gemeinsames Engagement Kenntnis anderer Kulturen, Gesellschaftsordnungen und Lebensverhältnisse vermitteln, bestehende Vorurteile abbauen und das Bewußtsein der jungen Menschen vertiefen, daß sie mitverantwortlich für eine dauerhafte Friedensordnung sind."[204]

Hinsichtlich ihrer Organisationsform ist die internationale Jugendarbeit nicht eindeutig definiert und dies wurde wohl bewußt so gehalten, um der Vielfalt unterschiedlicher Veranstaltungsarten keine Grenzen zu setzen. Lediglich müssen die Kriterien der „Jugendbezogenheit" und der „Internationalität" erfüllt werden.[205]

So hat jede einzelne Organisation oder jeder Jugendverband, die/der sich der internationalen Jugendarbeit annimmt ihre/seine genaueren Ziele selbst definiert.

Da es eine große Vielfalt an unterschiedlichen Formen und Methoden der internationalen Jugendarbeit gibt, hat *Hanns Ott* versucht eine Einteilung der verschiedenen Arten vorzunehmen. Aufgrund der Fülle werde ich hier nur die Oberbegriffe erwähnen. Er unterscheidet zwischen:

- Einzel- und Gruppenreisen ohne ausländische Kontaktgruppe
- Studien- und Informationsreisen zusammen mit ausländischer Gruppe
- Internationale Freizeiten in Lagern oder Jugendstätten
- Freiwillige internationale Jugendarbeitslager
- Internationale Großveranstaltungen
- Tagungen und Seminare
- Arbeits- und Studienaufenthalte
- Sprachkurse mit internationaler Begegnung
- Jugendbegegnung in Familien.[206]

Dabei können die Medien einer internationalen Begegnung alle möglichen sein, wie politische Bildung, Sport, Beruf, musische Bildung, Ausbildung und ebenso

---

[204] Breitenbach, a.a.O., Bd. 5, S.13
[205] vgl. ebd., S.13f
[206] vgl. Ott, H., Handbuch der internationalen Jugendarbeit, Köln 1968, S.34ff

vielseitig „kann der Ausgangspunkt bei Familie, Berufswelt, Schule, Staat, Gesellschaft ...liegen. Entscheidend ist, daß die Begegnung von diesen Medien oder Lebensbereichen ausgeht und die tatsächlichen Verhältnisse und gegebenen Interessen ins Spiel bringt. Ein Kontaktprogramm, welches diese Fakten und die kulturellen, politischen, religiösen... Bereiche außer acht läßt, führt zu keiner Begegnung und zu keinem Dialog."[207]

8.1 Zielsetzung der internationalen Jugendarbeit

8.1.1 Politische Begründung

Aufgrund der politischen Interessen der Bundesrepublik Deutschland – nach den beiden Weltkriegen und besonders nach dem zweiten Weltkrieg – sich aus der internationalen Isolation zu lösen und zur Verständigung in Europa und besonders mit seinen Nachbarstaaten beizutragen, wurde der internationalen Jugendarbeit eine nicht unwesentliche Bedeutung beigemessen und sie wurde Teil der außenpolitischen Strategie:

„Die lebendige Bereitschaft (der deutschen Jugend) zu Freundschaft mit der Jugend der Welt bietet der deutschen Politik die einzigartige Chance, über die Jugend ihre außenpolitischen Bestrebungen und Notwendigkeiten in die Zukunft zu tragen und sie für Generationen zu festigen. Internationale Jugendbegegnungen sind deshalb ein wichtiges Mittel politischer Bildung und ein bedeutsames Element deutscher Außenpolitik." (Deutscher Bundestag)[208]

So entstanden nach dem zweiten Weltkrieg eine Reihe von Organisationen, die sich der internationalen Verständigung und somit der internationalen Jugendarbeit verpflichtet fühlten, besonders in Form von workcamps – in denen das Zusammenleben und -arbeiten im Vordergrund steht. Gefördert werden diese Organisationen aus Mitteln des Bundesjugendplanes, des Bundesministeriums für Jugend, Familie, Frauen und Gesundheit.

Ein Meilenstein in diesem Zusammenhang war die Gründung des Deutsch-Französischen Jugendwerkes im Jahre 1963, das bis dato die größte (autonome) binationale Einrichtung zur Förderung des internationalen und im besonderen des deutsch-französischen Jugendaustausches – mit einem Etat von 40 Millionen DM (1989)[209] – darstellt.

Der Ruf nach einem europäischen Jugendwerk wurde zwar immer wieder laut, jedoch scheiterte die Verwirklichung bis heute an politischen Widerständen und finanziellen Problemen sowie Meinungsverschiedenheiten bezüglich der Struk-

---

[207] ebd., S.36f
[208] Jugendbericht der Bundesregierung; zitiert in Hahn, H.: Internationaler Jugendtourismus, S.26f; nach: Lenhard, a.a.O., S.53
[209] vgl. AWO-Bundesverband, a.a.O., S.121

turierung. Geschaffen wurde unterdessen 1972 ein europäisches Jugendzentrum beim Europarat in Straßburg, das als internationale Bildungseinrichtung vorrangig zur Förderung von Begegnungen internationaler Jugendorganisationen dient.[210]

Der Autonomie der Träger der internationalen Jugendarbeit – in der Mehrzahl Jugendverbände – kann allerdings durch Aufstockungen bzw. Kürzungen von Programmen des Bundesjugendplanes, durch das zuständige Bundesministerium Einhalt geboten werden. So wurden in den achtziger Jahren bezüglich der Austauschprogramme mit Nicaragua und der Sowjetunion Grenzen der Förderung gezogen, weil die Pluralität von Meinungen durch die Bevorzugung einer politischen Richtung erschwert worden wäre.[211]

Die Ziele der internationalen Jugendarbeit sieht die Bundesregierung folgendermaßen:

- „sie müsse zu einem besseren Verständnis zwischen Vertretern verschiedener Nationen und zur Zusammenarbeit über Grenzen hinweg beitragen;

- sie solle zur Toleranz führen und zur Überwindung von Vorurteilen beitragen;

- sie müsse als Form politischer Bildung zum Einsatz für die Menschenrechte und für den sozialen und freiheitlichen Rechtsstaat verpflichten, der es wert sei, in seinen Vorzügen dargestellt zu werden;

- sie solle Informationen und Wissen vermitteln, um zum Verständnis internationaler Zusammenhänge zu befähigen;

- sie dürfe nicht durch eine 'selektive Moral' gekennzeichnet sein, d.h. die Frage, wie es um die Menschenrechte in einem Land bestellt sei, dürfe nicht je nach dem ideologischen Hintergrund entschieden werden und

- schließlich könne die nationale politische Bildung, die internationale Probleme thematisiere, den Sinn und die Notwendigkeit der Demokratie deutlich machen und ihre Bedeutung als Friedensordnung darstellen."[212]

---

[210] vgl. ebd., S.86
[211] vgl. Arbeitskreis deutscher Bildungsstätten 1985, S.10-14; in: Friesenhahn, a.a.O., S.169
[212] Lexikon: Internationale Jugendarbeit - Aktivitäten der Bundesregierung; in: Deutsche Jugend 12/1985; nach: Friesenhahn, a.a.O., S.170

8.1.2 Inhaltliche Lernziele

Die pädagogischen Lernziele wurden bereits in Punkt 6.1 („Pädagogische Lernziele als Voraussetzungen interkulturellen Lernens") erörtert, deshalb werde ich hier nur noch einmal kurz auf diesen Aspekt eingehen.

Das Zusammentreffen und Zusammenleben von Angehörigen unterschiedlicher Nationen und Kulturen verläuft häufig nicht konfliktfrei und die Resultate dieser Konflikte können wir weltweit in Form von Rivalitäten, Gewalt, Krieg und Unterdrückung wahrnehmen. Auch und gerade in unseren modernen multikulturellen Gesellschaften wird jedeR (tagtäglich) mit Ablehnung, Rassismus, Nationalismus usw. konfrontiert.

Die internationale Jugendarbeit bietet den Beteiligten ein Lernfeld, in dem sie mit Lösungen und Verhaltensweisen experimentieren können, die für das Leben im Alltag eine wichtige Rolle spielen.[213]

Internationale Jugendarbeit stellt einen Beitrag zur Friedens- und Konfliktforschung dar und kann zur Überwindung von Abgrenzungsmechanismen beitragen.

Somit steht soziales Lernen und politische Bildung/politisches Handeln im Mittelpunkt der internationalen Jugendarbeit. Der Bereich „soziales Lernen" wurde bereits behandelt (Punkt 6.1), so daß ich kurz auf den Aspekt der politischen Bildung bezug nehmen möchte.

Politische Bildung ist in diesem Kontext nicht mit Fakten, Daten und Institutionenkunde verbunden, sondern konkret mit politischer Handlungsfähigkeit in internationalen Gruppen. Dabei handelt es sich um Bereiche wie Rassismus, Selbstbestimmung, Selbstorganisation, Demokratieverständnis oder Gewaltfreiheit, die nicht als vorgegebener Stundenplan zu bearbeiten sind, sondern in der alltäglichen Arbeits- und Freizeitsituation der Begegnung gelebt werden sollen. Natürlich ist es aber auch sinnvoll ein Mindestmaß an theoretischen Informationen über derartige Themen zu vermitteln und die Möglichkeit einer diskursartigen Auseinandersetzung zu geben.

Internationale Jugendarbeit sollte nach meiner Meinung diesen oben dargestellten Anspruch auf Emanzipation in jeglicher Hinsicht beinhalten, um so ein gesellschaftliches Potential an mündigen BürgerInnen zu schaffen.

Das die angestrebten Ziele der internationalen Jugendarbeit, wie Abbau von Vorurteilen und Einstellungsveränderungen gegenüber anderen Nationalitäten, Verbesserung von Handlungsmöglichkeiten, den Dialog zwischen den Kulturen zu fördern usw. oft nicht erreicht werden, hat die *„Breitenbach-Studie"* (1979) deutlich gemacht.[214] Dabei wurden folgende Kritikpunkte angebracht:

---

[213] vgl. Haumersen/Liebe, a.a.O., S.25
[214] vgl. Friesenhahn, a.a.O., S.170f

- die Ausbildung von pädagogischen MitarbeiterInnen in der internationalen Jugendarbeit muß verbessert werden;
- Inhalte und Methoden der internationalen Jugendarbeit müssen revidiert werden; entsprechende Curricula und Materialien müssen entwickelt werden, die diese Mängel beheben;
- wissenschaftliche Grundlagen müssen erarbeitet werden, welche die Diskrepanz zwischen Theorie und Praxis bzw. zwischen Zielen internationaler Jugendarbeit und tatsächlicher Realisierung reflektieren und zum Gegenstand permanenter Forschung machen;
- Institutionen müssen gefunden oder eingerichtet werden, welche die professionalisierte Ausbildung von pädagogischen MitarbeiterInnen in der internationalen Jugendarbeit übernehmen.[215]

Im Grunde heißt dies nichts anderes als eine Professionalisierung der internationalen Jugendarbeit und einer theoretisch fundierten Praxis.

8.2 Gründe für mehr internationale Jugendbegegnungen

Die internationalen Beziehungen und Verpflechtungen sind in unserer heutigen Zeit so weit fortgeschritten und von gegenseitiger Abhängigkeit bestimmt, daß sie unseren Alltag mit beeinflussen.

Tagtäglich sehen wir Bilder und hören Nachrichten über die entlegensten Länder und diese verhallen doch oft nur allzu schnell als „Sensationsmeldung" und hinterlassen bei uns wiederum nur einen ganz flüchtigen, oberflächlichen und damit verzerrten – sowie durch unsere Bewertung geprägten – Eindruck. Hinzu kommt ein undifferenziertes, realitätsfremdes und durch die Brille unserer Kultur beeinflußtes Bild, welches uns durch die Medien übermittelt wird, das ohne Handeln und Auswirkungen auf unser Leben bleibt.

Die privaten und wirtschaftlichen Kontakte haben in den letzten Jahrzehnten stark zugenommen, es sei nur an die Reisefreudigkeit vieler Deutscher erinnert, die – auch aufgrund einer „starken" DM und eines hohen Lohn- und Einkommensniveaus – in alle Kontinente ausschwirren und ihre Spuren dort hinterlassen.

Durch die Liberalisierung des Welthandels – im Zuge des GATT-Abkommens 1992 – und die Freizügigkeit der ArbeitnehmerInnen, die den EU-Mitgliedsstaaten angehören und sich in diesen frei bewegen und arbeiten können –

---

[215] vgl. ebd., S.171

durch den Maastricht-Vertrag im Jahre 1992 – häufen sich die Kontakte zum Ausland bzw. zu AusländerInnen in zunehmenden Maße.

Viele Produkte, die wir täglich konsumieren kommen aus den verschiedensten Ländern oder auch deutsche Artikel, die im Ausland hergestellt werden, ohne das wir uns über die Situation und die Rahmenbedingungen der Menschen in diesen Ländern bewußt sind.[216]

Wir müssen uns in diesem Zusammenhang aber auch über die wachsende Kluft zwischen arm und reich, Süd und Nord bewußt werden, um den verstärkten Zustrom von AusländerInnen sowie Asylsuchenden nach Europa und im besonderen in die Bundesrepublik zu verstehen. Denn die internationalen Handelsbeziehungen sind von Einseitig- und Abhängigkeit zugunsten der „Industrie-" und zum Nachteil der sog. „Entwicklungsländer" geprägt, so daß zunehmend die Lebensgrundlage der Menschen in diesen ausgebeuteten Ländern zu verschwinden droht.

Aus diesem Grund, dessen Ursache in der Kolonisation weiter Teile der Erde durch die Europäer in den vergangenen Jahrhunderten begründet liegt, läßt sich das Argument von Menschen aus der sog. „Dritten Welt": „wir sind hier (in Europa), weil ihr bei uns gewesen seid" voll und ganz nachvollziehen und ist meiner Meinung nach völlig legitim.

Aufgrund dieser Zusammenhänge wird der Ausbau der internationalen Zusammenarbeit meines Erachtens immer notwendiger, denn es geht u.a. darum

- ein Bewußtsein zu schaffen für die Lebensbedingungen in den sog. „Entwicklungsländern", sowie deren gegenwärtige und geschichtliche Ursachen und Folgen zu beleuchten. Außerdem kann somit auch eine Diskussion über die Zusammenhänge von Nahrungsmittelüberschüssen und Nahrungsmittelmangel, Rohstofflieferanten und -produzenten, sowie Wachstum und Umweltzerstörung – um nur einige Punkte zu nennen – angeregt werden;[217]

- jungen Leuten die Chance zu bieten, das Klischeebild vom „Goldenen Westen" und vom „armen Süden und Osten" zu durchschauen und geradezurücken;

- durch die Begegnung Vorurteile sowie nationalistische Tendenzen abzubauen um zu einer besseren Verständigung innerhalb Europas, besonders zwischen Ost- und Westeuropa, sowie weltweit beizutragen.

---

[216] vgl. AWO-Bundesverband, a.a.O., S.84
[217] vgl. ebd., S.90

8.3 Workcamps

Im engeren Kontext dieser Ausarbeitung geht es um interkultrurelles Lernen in workcamps, die somit eine Form internationaler Jugendbegegnungen darstellt.

Das Wort „workcamp" stammt aus dem Englischen und hat sich auch im deutschen Sprachgebrauch durchgesetzt, denn die deutsche Übersetzung ist „Arbeitslager" und dieser Begriff ist aufgrund der Verbindung mit dem „Dritten Reich" stark vorbelastet.

Workcamps können bi-, tri- oder internationale Jugendbegegnungen sein, an denen durchschnittlich 10-15 junge Leute – meist im Alter von 16-26 Jahren – freiwillig i.d.R. 2-4 Wochen zusammen leben und arbeiten. Das Zusammenleben wird weitgehend selbst organisiert und gestaltet.

Bei der Belegung der Camps wird darauf geachtet, möglichst ein ausgeglichenes Verhältnis zwischen weiblichen und männlichen TeilnehmerInnen zu haben. Dies gelingt allerdings meistens nicht, da die Nachfrage seitens der weiblichen TeilnehmerInnen (viel) größer ist.

Ein weiteres auffälliges Merkmal von workcamps ist, daß die TeilnehmerInnen i.d.R. StudentInnen oder Abitur-AbsolventInnen sind, wobei die letzteren workcamps – im Ausland – oftmals als eine gute Gelegenheit ansehen, um vor dem Studium oder dem Berufseintritt die Zeit für sich selbst und für ihre Interessen zu nutzen.

Ein Grund, daß kaum Berufstätige an workcamps teilnehmen liegt sicherlich auch darin, daß sie ungern ihren meist lang ersehnten Urlaub mit arbeiten verbringen wollen und bezüglich der Übersee-workcamps Englischkenntnisse erforderlich sind, über die besonders Jugendliche der unteren sozialen Schicht – aufgrund ihrer Schulbildung – selten verfügen.

Die offizielle „Campsprache" kann unterschiedlich sein, je nach den Nationalitäten, doch ist sie meist Englisch. Es wird gemeinsam und unentgeltlich in einem sinnvollen sozialen oder ökologischen Projekt, fünf bis sechs Stunden täglich, gearbeitet.

Die Wochenenden sind frei, so daß sie für gemeinsame Aktivitäten genutzt werden können. Die Arbeit kann ganz unterschiedlicher Art sein:

- **Bauen und Renovierungsarbeiten,**

  wie das Bauen und Pflegen von Spielplätzen und Freizeitanlagen, das Umbauen und Renovieren von Gebäuden, als auch die Sanierung von Naherholungseinrichtungen;

- **Umwelt- und Landschaftsschutz,**

wie Pflege von Waldwegen, Freilegen von Bachläufen; Küstenschutzarbeiten, wie Dünen befestigen, Sandfangzäune setzen und Biotoparbeiten, wie Anlage und Pflege von Biotopen;

- **Mitarbeit in „Eine-Welt"-Häusern,**

  durch die Freiwilligenarbeit wird praktische Hilfe sowie Öffentlichkeitsarbeit geleistet;

- **Antirassismus-/Antifaschismus-Camps,**

  in denen Initiativen gegen AusländerInnenfeindlichkeit und Rassismus unterstützt werden und antifaschistische Camps, die auf den Geländen ehemaliger Konzentrationslager stattfinden und z.B. bei der Ausgestaltung von Gedenkstätten mitgeholfen wird;

- **Soziale Dienste und Spielaktionen,**

  wie Ferien- und Kinderfreizeiten, Behinderten- oder Seniorenbetreuung in Behinderten- und Altenheimen;

- **archäologischen Ausgrabungen und kulturhistorischen Arbeiten,**

  wie Mithilfe bei Ausgrabungsarbeiten, bei der Restauration von Denkmälern und beim Wiederaufbau von Fachwerkhäusern.[218]

Die Unterkunft ist in der Regel sehr einfach, meist gibt es entweder die Möglichkeit in dem Projekt selbst zu wohnen oder es werden Gemeinschaftsunterkünfte der Kommune zur Verfügung gestellt. Darüber hinaus können auch Zelte, als Unterkunftsmöglichkeit, aufgestellt werden. Die Verpflegung organisiert die Gruppe selbst, nur in Ausnahmefällen, in denen es nicht anders zu regeln ist, wird die Gruppe fremdverpflegt.

Ein bis zwei TeamerInnen werden von der Organisation gestellt, die das Projekt vorher besichtigen und die nötigen Vorbereitungen treffen. Dies tun sie gemeinsam mit der ProjektleiterIn der/die dem Projektträger angehören, meist private Organisationen oder die Kommune, für die gearbeitet wird. Die TeamerInnen sind voll in der Gruppe integriert. Die TeamerInnen sollten sich in ihrer hervorgehobenen und verantwortungsvollen Rolle, weitgehend auf ihre moderierende und organisatorische Funktion beschränken. Die Themen, die ebenfalls Bestandteil eines workcamps sind und über die in Diskussionen gesprochen wird, wie z.B. Umweltschutz, Selbstbestimmung, was Selbstorganisation beinhaltet oder auch die Emanzipation der Frauen, sollen in den Campalltag umgesetzt werden. Inwieweit dies gelingt ist auch wesentlich von den TeamerInnen abhängig.

Neben dem gemeinsamen arbeiten ist der sog. Studienteil ein wesentlicher Aspekt eines workcamps. Die internationale Gruppe setzt sich z.B. mit dem

---

[218] vgl. SCI, Programmheft Sommer 1996, S.11f

Hintergrund des Projektes auseinander, das sie mit ihrer Arbeit unterstützt. Die TeilnehmerInnen diskutieren über regionale und grenzüberschreitende Probleme aus den Bereichen Ökologie, Emanzipation, Antirassismus, Arbeitslosigkeit, Nationalismus u.a.. Außerdem werden Ausflüge und Besichtigungen durchgeführt, die das Leben und die Probleme der Menschen in der Region oder generell in dem jeweiligen Land aufzeigen sollen und die workcamp-TeilnehmerInnen somit direkt in Kontakt treten können. Dies kann z.b. die Besichtigung einer historischen Stadt sein oder der Besuch eines in der Nähe gelegenen Unternehmens, um einen Einblick in die Produktion und Organisation zu bekommen. Ebenfalls kann der Besuch eines Gewerkschaftsbüros in der nächst größeren Stadt, um sich über den Abbau von Arbeitsplätzen und die wirtschaftliche Situation in der Region zu erkundigen, Bestandteil sein.

Wie umfangreich der Studienteil gestaltet wird ist abhängig von der jeweiligen „workcamp-Organisation" – sprich welchen Stellenwert sie diesem einräumen – aber natürlich auch von den TeamerInnen des jeweiligen workcamps.

Workcamps sind auf Selbstbestimmung und Selbstgestaltung ausgerichtet. Sie ermöglichen und erfordern in gleicher Weise Mitgestaltung und Initiative des Einzelnen.

Sie bieten aufgrund ihrer Struktur und ihrer Rahmenbedingungen vielfach Raum zur Gestaltung und Erfahrung, die der heutige persönliche Lebensbezug in den Bereichen Familie, Schule, Universität und Beruf nicht mehr oder nur noch bedingt bietet. Sie ermöglichen sich selbst zu hinterfragen, Neues kennenzulernen und zu akzeptieren, Fremdes zu erfahren und sich selbst im Zusammenleben einzubringen.

Gemeinsame Aktivitäten in der Freizeit sollen das Zusammenleben in der Gruppe fördern und ermöglichen, das Gastland und seine Menschen über eine reine Touristenperspektive hinaus kennenzulernen.

Um sich ein besseres Bild machen zu können, habe ich im Anhang, unter _Dokument 16 und 17_, zwei konkrete workcamp-Beschreibungen sowie einen Zeitungsartikel über ein workcamp beigefügt.

Im folgenden Punkt werde ich exemplarisch eine Organisation vorstellen, die workcamps durchführt.

8.4 „pro international e.V."

„pro international e.V." gehört eher zu den mittleren bis kleineren Workcamp-Organisationen. Ich möchte sie hier vorstellen, da ich selbst seit ein paar Jahren bei dieser Freiwilligenorganisation mehr oder weniger aktiv bin.

„pro international e.V." ist ein nicht-konfessionell und politisch ungebundener Verein, der im Bereich der freien internationalen Jugendarbeit tätig ist. Er ist als gemeinnützige und förderungswürdige Organisation der internationalen Jugendarbeit anerkannt.

Seinen Ausgangspunkt hat „pro international", wie viele andere Organisationen der Freiwilligenarbeit, in den Jahren nach dem 2. Weltkrieg. Unter dem Eindruck der Kriegs- und Nachkriegsjahre, mit ihren verheerenden Folgen, suchten die Gründer nach Möglichkeiten, die vielfach zerrissenen Beziehungen zwischen den Menschen und Nationen neu zu knüpfen.

Aus der Überzeugung, daß es besser ist miteinander zu arbeiten, als gegeneinander zu kämpfen, wurden 1949 in Tirol und 1953 in Marburg die ersten – noch wenig international ausgerichteten – Gemeinschaftsdienste durchgeführt.

Heute führt „pro international" jährlich etwa 25-30 internationale Gemeinschaftsdienste (workcamps) in Deutschland durch. Außerdem finden in Zusammenarbeit mit Partnerorganisationen in den jeweiligen Ländern etwa 25 Einsätze in Asien und Afrika statt. Darüber hinaus vermittelt „pro international" deutsche InteressentInnen in workcamps in fast alle europäische sowie einige außereuropäische Länder.

Aufgabenstellungen, Inhalte und Methoden der Arbeit – und seit 1990 auch der Name der Organisation – haben sich seitdem entsprechend gesellschaftlicher Entwicklungen verändert. Ziele und Grundsätze der Arbeit sind jedoch gleich geblieben. Die Begegnungen sollen nach wie vor zu einem besseren gegenseitigen Verständnis und zur Achtung des Anderen beitragen.

Der Verein hat seinen Sitz in Marburg und ist vom Land Hessen als förderungswürdige Einrichtung der Jugendarbeit und vom Regierungspräsidenten Kassel als Praktikumsstelle zur Ableistung sozialpädagogischer Praktika anerkannt.

„pro international e.V." ist Mitglied:

- im „Arbeitskreis Internationaler Gemeinschaftsdienste in Deutschland e.V." (AIG)
- in der Trägerkonferenz der Internationalen Jugendgemeinschafts- und Jugendsozialdienste
- im „Deutschen Jugendherbergswerk e.V."
- im „Deutsch-Israelischen Arbeitskreis für Frieden im Nahen Osten e.V."
- in der „Gesellschaft für christlich-jüdische Zusammenarbeit e.V."

Als Folge des Gründungsverständnisses waren politische Motivation und humanitärer Hilfsgedanke die inhaltliche Basis der Gründung und Arbeit. Unberücksichtigt inhaltlicher Ziel- und Aufgabendifferenzierungen ist die Gründungsmotivation im Grundgedanken auch heute noch erklärtes Rahmenziel der Arbeit.

Dieses Rahmenziel wird in der Satzung (§2) folgendermaßen definiert:

„In der Begegnung sieht pro international e.v. die Möglichkeit zur Kontaktaufnahme und zur Sensibilisierung von sozialen Wahrnehmungen und sozialen Verhaltensweisen."[219]

„pro international" definiert auf der Grundlage dieses Rahmenzieles seine pädagogischen Nahziele und methodischen Arbeitsansätze in den Begriffen „Begegnung, Ferien, Hilfen".[220]

Die Maßnahmen im einzelnen sind folgende:

Internationale workcamps in Deutschland

Die Camps dauern zwischen zwei und drei Wochen und finden in verschiedenen Orten Deutschlands statt. Die meisten von ihnen werden in den Sommermonaten angeboten, einige wenige auch über Ostern. Die TeilnehmerInnenzahl beträgt zwischen 10 und 15. Diese kommen aus durchschnittlich sechs bis sieben verschiedenen Ländern, meist aus dem europäischen Raum und nur im geringen Umfang aus Übersee.

Die Arbeitsprojekte der workcamps sind unterschiedlich und reichen von Renovierungs-/Instandsetzungsarbeiten, Park-/Anlagenpflege, Natur-/Umwelt-/Küstenschutz, bis zur Mitarbeit in sozialen Einrichtungen und Kinderferienfreizeiten.

Internationale workcamps im Ausland (Europa / Mittelmeerraum)

Deutsche InteressentInnen werden in zwei- bis dreiwöchige workcamps im Ausland vermittelt. Die Verantwortung für die Durchführung liegt bei den ausländischen Partnerorganisationen. Diese Camps haben i.d.R. eine ähnliche Struktur wie die in Deutschland.

Workcamps im Rahmen jugendpolitischer Maßnahmen in Übersee

Junge Menschen aus der Bundesrepublik erhalten hier die Möglichkeit zur Mitarbeit bei workcamps in einem afrikanischen oder asiatischen Land, zur Zeit in Ghana, Togo, Burkina Faso, Kenia, Uganda, Indien, Nepal, Japan und den Philippinen.

Die Dauer beträgt maximal sechs Wochen und die Camps finden über das Jahr verteilt statt.

Die Teilnahme an diesen Freiwilligendiensten stellt aufgrund der Struktur und Bedingungen erhöhte Anforderungen an die TeilnehmerInnen (physische und

---

[219] pro international e.V., Satzung, Marburg
[220] pro international, Informationsbroschüre, Marburg

psychische Belastbarkeit, Gesundheitsvorsorge, Ausrüstung, Eigenvorbereitung etc.). Das Mindestalter liegt daher bei 18 Jahren – in den anderen workcamps bei 16 Jahren. Die Teilnahme an einem Vorbereitungsseminar ist Voraussetzung.

Besondere Ausbildungen und Qualifikationen werden nicht erwartet, da „pro international" keine sog. „Entwicklungshilfe" leistet. Junge Menschen sollen neue Erfahrungen im Ausland sammeln. Diese sollen im günstigsten Falle zur Auseinandersetzung mit eigenen kulturellen Vorstellungen und mit sich selbst führen, nicht aber zu der Idee, den Menschen in der sog. „Dritten Welt" mit den der eigenen Kultur entsprechenden Vorstellungen und Maßnahmen „helfen" zu wollen.

Darüber hinaus gibt es noch die Möglichkeit als TeamerIn für internationale workcamps in Deutschland tätig zu werden. Die Mitarbeit bezieht sich sowohl auf die Vorbereitung als auch auf die organisatorische und inhaltliche Gestaltung des Camps. Voraussetzung ist ein Mindestalter von 18 Jahren und zumindest englische Sprachkenntnisse sowie die Teilnahme an zwei Vorbereitungsseminaren (Grund- und Projektseminar).

Ebenfalls besteht die Möglichkeit als TeamerIn an der Vorbereitung der TeilnehmerInnen für den Übersee-Bereich mitzuarbeiten. Dies setzt eine vorherige Teilnahme an einem workcamp in dem entsprechenden Land (eventuell auch Kontinent) und ebenso eine Eigenvorbereitung in Form eines TeamerInnen-Grundseminars voraus.

Für alle Maßnahmen – ganz gleich ob Teilnahme an einem workcamp oder in der Funktion als TeamerIn – ist ein Auswertungsseminar vorgesehen für den Austausch und die Auswertung der Erfahrungen für die TeilnehmerInnen untereinander sowie als Evaluation für „pro international".

9. Interkulturelles Lernen am Beispiel von workcamps

In diesem Kapitel werde ich Anregungen geben bzw. versuchen Ansätze, bezüglich interkulturellem Lernen und interkultureller Kommunikation konkret in workcamp-Situationen, herauszuarbeiten.

Ich beziehe mich dabei hauptsächlich auf eigene Erfahrungen als Teilnehmer sowie Teamer bei workcamps und aufgrund von Fortbildungsseminaren die ich zum Thema „Interkulturelles Lernen" besucht habe.

Das Spezifische an workcamps gegenüber anderen internationalen Jugendbegegnungen ist, daß das Arbeiten an einem bestimmten Projekt im Mittelpunkt steht und deshalb auch einen großen zeitlichen Raum in der Begegnung einnimmt.

Weiterhin ist zu berücksichtigen, daß die TeamerInnen in der Regel keine ausgebildeten PädagogInnen sind, sondern meist StudentInnen, die workcamp-Erfahrungen haben und eine Kurzzeitausbildung als TeamerIn bei der jeweiligen Organisation – welche die workcamps durchführt – absolviert haben.

Zudem ist eine Kontinuität der Arbeit von TeamerInnen über einen längeren Zeitraum nicht unbedingt gegeben, da workcamps meist nur in den Sommermonaten stattfinden und die finanzielle Vergütung sehr gering ist, so daß es nicht selten vorkommt, daß TeamerInnen nur ein workcamp leiten und danach ihre Arbeit beenden.

Diese Darstellung soll zum besseren Verständnis über die spezifischen Rahmenbedingungen von workcamps beitragen und somit gleichzeitig auf die Möglichkeiten interkulturellen Lernens hinweisen.

Dieser Sachverhalt wird deutlicher wenn wir uns die Unterscheidung interkulturellen Lernens (nach *Breitenbach*), in 4 Formen, vor Augen halten:

> 1) *„Interkulturelles Lernen ohne vergleichende Kulturinhalte...,*
>
> 2) *Interkulturelles Lernen mit vergleichenden Kulturinhalten,*
>
> 3) *Interkulturelles Lernen mit Thematisierung kultureller Unterschiede bzw. nationaler Stereotype,*
>
> 4) *Interkulturelles Lernen mit Problematisierung kultureller Unterschiede bzw. nationaler Stereotype (= Metakommunikation)."*[221]

Breitenbach und seine MitarbeiterInnen gehen davon aus, „daß von (1) nach (4) eine Zunahme von interkulturellem Lernen erfolgt, wobei erst Metakommuni-

---

[221] Breitenbach, a.a.O., Bd. 4, S.181

kation als interkulturelles Lernen im eigentlichen Sinne angesehen werden kann."[222]

Auch wenn dieser Annahme von *Breitenbach* nicht ganz zugestimmt wird, so wage ich doch die These, daß die Möglichkeiten interkulturellen Lernens in workcamps – da dieses in der Praxis meist nur in Form von (1) und (2) stattfindet – beschränkter sind, als bei Maßnahmen der internationalen Jugendarbeit, in denen interkulturelles Lernen in Form von (3) und (4) stattfindet.

Die Begründung liegt hauptsächlich an den oben erwähnten Rahmenbedingungen von workcamps, also der mangelnden Qualifikation der TeamerInnen bezüglich interkulturellem Lernen und der Spezifik der Arbeitssituation. Denn das Hauptanliegen eines workcamps ist das gemeinsame Arbeiten an einem Projekt sowie das gemeinsame Leben für eine bestimmte Zeit. Zudem muß berücksichtigt werden, daß die TeilnehmerInnen nach fünf bis sechs Stunden zum Teil körperlich anstrengender Arbeit Zeit zur Erholung brauchen und deshalb Methoden und Anregungen zum interkulturellen Lernen nur einen kleineren zeitlichen Raum einnehmen können.

Doch können auch aufgrund dieser Rahmenbedingungen Verbesserungen bezüglich dem initiieren von interkulturellem Lernen vorgenommen werden.

Dabei besteht meines Erachtens der erste Schritt darin, dem Lernfeld „Interkulturelles Lernen" in der Ausbildung sowie durch Fortbildungsmöglichkeiten eine größere Bedeutung beizumessen, um die TeamerInnen besser zu qualifizieren. Es geht darum, die TeamerInnen für interkulturelles Lernen zu sensibilisieren und ihnen ein gewisses Methodenrepertoire wie z.B. verschiedene Spiele „an die Hand zu geben" (vgl. Kapitel 7.).

Dies sind nur Minimalforderungen, welche aber die besonderen Rahmenbedingungen, wie vor allem die eingeschränkten Möglichkeiten der TeamerInnenausbildung bei Workcampmaßnahmen, berücksichtigen.

Nach dieser Einführung möchte ich jetzt konkret zu Ansätzen interkulturellen Lernens bzw. zur Förderung interkultureller Kommunikation in workcamps kommen, die als Anregung für TeamerInnen bestimmt sind.

Schon beim Eintreffen der TeilnehmerInnen können die Begrüßungsformeln in den verschiedenen Sprachen der teilnehmenden Jugendlichen auf ein großes Plakat geschrieben werden.

Außerdem ist es sinnvoll zumindest ein Wörterbuch in Englisch, bei bi- oder trinationalen workcamps entsprechend der jeweiligen Sprachen der TeilnehmerInnen, dabei zu haben.

Für den Anfang des Camps halte ich es bezüglich der Gruppendynamik und des Gegenseitigvertrautwerdens für sinnvoll einige Spiele zum kennenlernen und

---

[222] ebd., S.182

Spaß haben durchzuführen (siehe im Anhang unter *Dokument 3-12*). Dabei eignen sich besonders auch nonverbale Spiele (z.B. Pantomime), um dem eventuellen Sprachproblem zu begegnen. Weiterhin ist zu berücksichtigen, daß Spiele mit Körperkontakt zu Beginn des workcamps – da sich die TeilnehmerInnen noch nicht kennen und in jeder Kultur anders mit Körperkontakt umgegangen wird – mit Vorsicht eingesetzt oder sogar vermieden werden sollten.

Ebenfalls schon ziemlich am Anfang sollte im Plenum abgeklärt werden, auf welche „Campsprache" man sich einigt. Dies heißt natürlich nicht, daß jedeR immer in dieser Sprache sprechen muß, sondern das im Plenum und darüber hinaus alle notwendigen Informationen in der jeweiligen „Campsprache" (aus)gesprochen werden. Desweiteren sollten die TeamerInnen darauf hinweisen, wenn bei Gesprächen an denen hauptsächlich eine nationale Gruppe beteiligt ist und diese in ihrer Sprache kommuniziert, auf TeilnehmerInnen Rücksicht genommen werden sollte, welche dieser Sprache nicht mächtig sind, indem man sich in der „Campsprache" unterhält. Wenn sich z.B. eine Gruppe von vier deutschen und einem Spanier auf deutsch unterhält, dann ist das für den Spanier – vorausgesetzt das er kein deutsch kann – ziemlich frustrierend; was ich aus eigener Erfahrung bestätigen kann.

Ebenso ist darauf zu achten, daß im Plenum oder bei Diskussionen jedeR TeilnehmerIn alles mitbekommt. Dies setzt voraus, daß ausreichend Pausen für Übersetzungen gemacht werden und – wenn nicht vorhanden – ein Verständnis für diese notwendigen Unterbrechungen in der Gruppe geschaffen wird.

Aus dem bereits Dargestellten geht hervor, daß interkulturelles Lernen hauptsächlich im selbstorganisierten Alltag des workcamps stattfindet. Konkret sind das die Bereiche:

- *Selbstverpflegung,*
- *Arbeit* und
- *Freizeitgestaltung,*

wobei die Selbstorganisation bei der Arbeit nur eingeschränkt möglich ist.

Schon bei dem Punkt Selbstorganisation kann es kulturell bedingt zu Meinungsverschiedenheiten oder sogar zu Konflikten kommen. Es gibt TeilnehmerInnen, die es von ihrer Kultur her gewohnt sind und deshalb auch erwarten, daß die TeamerInnen ihre Funktion als LeiterIn in dem Sinne wahrnehmen, daß sie der Gruppe Vorgaben erteilen. Da TeamerInnen sich in der Regel aber als Teil der Gruppe verstehen und Entscheidungen meist mit allen TeilnehmerInnen getroffen werden, bietet dieser eventuelle Konfliktstoff die Möglichkeit im Plenum über die kulturell, aber durchaus auch individuell unterschiedlichen Vorgehensweisen bzw. Ansichten über das Leiten und bezüglich der Entscheidungsfindung von bzw. in Gruppen zu diskutieren.

In bezug auf die *Selbstverpflegung* bietet das Kochen Möglichkeiten des Voneinanderlernens. Gerade wenn ein Kochteam landestypische Gerichte serviert, findet dies oft großen Anklang in der Gruppe und während des Essens ergeben sich meist Gespräche über deren Zubereitung sowie die verschiedenen kulturellen Eßgewohnheiten.

Ebenso reizvoll und kontaktfördernd kann das Kochen von gemischt-nationalen Kochteams sein. Kulturell unterschiedliche Verarbeitungs- und Zubereitungstechniken können gegenseitiges Lernen ermöglichen und Anstoß zu Gesprächen und Diskussionen sein. Dabei ist es aber nicht ausgeschlossen, daß es auch zu Auseinandersetzungen oder sogar zu Konflikten kommen kann, die von den TeamerInnen als Anlaß genommen werden sollten, diese im Plenum anzusprechen und eventuell über die kulturell unterschiedlichen Gewohnheiten bezüglich der Essenszubereitung zu diskutieren.

Hierzu fällt mir auch der Aspekt vegetarisch Essen ein. Es ist notwendig schon am Anfang abzuklären ob es VegetarierInnen gibt, um sich in der Gruppe darüber zu einigen, wie damit umzugehen ist, wenn es VegetarierInnen und Nicht-VegetarierInnen gibt. TeamerInnen sollten diesbezüglich darauf achten bzw. nötigenfalls im Plenum thematisieren, daß eine gegenseitige Akzeptanz zwischen VegetarierInnen und Nicht-VegetarierInnen aufgebaut wird. Dieser Punkt ist durchaus auch auf kulturell unterschiedliche Ansichtsweisen zurückzuführen.

Darüber hinaus ergeben sich beim Essen auch Gespräche über zurückliegende Ereignisse sowie „Einschätzungen und Werturteile innerhalb einer Sprachgruppe", die auch als wichtig anzusehen sind. „Es wird nach Allgemeingültigkeit oder Besonderheit gefragt (Einzel- oder allgemeines Phänomen?), Interpretation und Einschätzung werden vermittelt (intersubjektive Nachprüfung)."[223]

Weitere Möglichkeiten des interkulturellen Lernens bestehen bei den Themen Mülltrennung und Energiesparen.

Für TeilnehmerInnen aus anderen Ländern dürfte die Mülltrennung, wie wir sie in Deutschland durchführen, neu sein. Das man nach Biomüll, „Grünen Punkt", Glas, Papier und Restmüll trennt kann bei einigen TeilnehmerInnen auf Unverständnis stoßen oder andererseits auch einen Bewußtseinsprozeß auslösen der zur Folge haben kann, daß das Trennen und Recyclen von Müll als sinnvoller angesehen wird. Genauso kann es sich mit dem Thema Energiesparen verhalten, wenn TeilnehmerInnen z.B. gewohnt sind unter fließendem Wasser abzuwaschen und andere dies als Wasserverschwendung ansehen. TeamerInnen sollten auf solche Meinungsverschiedenheiten oder daraus sogar entstehende Konflikte achten und diese, wenn nicht von den TeilnehmerInnen selbst, als Anlaß nehmen im Plenum anzusprechen. Dabei halte ich es für wichtig, daß die Teame-

---

[223] Döbrich/Kodron, a.a.O., S.87

rInnen erst einmal nicht bewerten welcher Umgang mit Müll oder bezüglich Energiesparen besser ist, um eine offene und gleichberechtigte Auseinandersetzung innerhalb der Gruppe und den unterschiedlichen kulturellen Umgang mit den genannten Themen zu gewährleisten.

Ein weiterer Aspekt beim Thema *Selbstverpflegung* stellt das Einkaufen dar. Hier bietet sich die Chance den ausländischen TeilnehmerInnen einen Einblick in die Sortimente sowie die Art und Weise des Einkaufens zu ermöglichen und somit einen kulturellen Einblick zu bekommen. Aus eigener Erfahrung kann ich sagen, daß es sehr interessant ist, zu sehen wie die unterschiedlichen kulturellen Standards beim Einkaufen zum Ausdruck kommen.

Eine Schwierigkeit kann aber darin bestehen, daß ausländische TeilnehmerInnen mit den Preisen nicht vertraut sind und eventuell keine Vergleichsmöglichkeiten haben bzw. nicht wissen wo bestimmte Produkte billiger gekauft werden können. Das ist aber kein grundlegendes Problem, denn es können ja mehrere Personen einkaufen gehen. Zudem kann sich hier das Offenlegen der Finanzen – wieviel Geld zur Verfügung steht – ‚also eine Transparenz für alle GruppenmitgliederInnen zu schaffen, förderlich auswirken.

Interkulturelles Lernen, aber auch Konflikte beim Einkaufen kann bzw. können sich bezüglich des Themas Müllvermeidung ergeben. Viele workcamp-Organisationen sensibilisieren die TeamerInnen in der Vorbereitung auf dieses Thema. Dieser Aspekt läßt sich also auch im Plenum ansprechen und die verschiedenen Standpunkte können dargelegt und diskutiert werden.

In Verbindung mit dem Bereich Selbstverpflegung treten nicht selten auch Differenzen aufgrund verschiedener Ansichten über die Rollenverteilung zwischen Frauen und Männer zutage. Dieses Thema ist natürlich ein sehr spannendes und dürfte nicht selten auch zu kontroversen Auseinandersetzungen führen. Hierbei kommen kulturell unterschiedliche Haltungen sicherlich zum Ausdruck. Besonders interessant finde ich aber auch das kulturell differierende Umgehen und Verständnis der Frauen in bezug auf Emanzipation. Bei diesem Thema eignen sich gut Rollenspiele, in denen Männer und Frauen das jeweilig andere Geschlecht spielen, also Frauen beispielsweise die Rolle von „anmachenden" Männern und Männer die Rolle der Frauen übernehmen. Durch dieses „schlüpfen" in die Rolle des anderen Geschlechts wird ein Perspektivenwechsel angeregt, der die Wahrnehmungsfähigkeit steigert und somit Bewußtseinsprozesse auslösen kann.

Die *Arbeit* stellt einen wichtigen gemeinsamen Bezugspunkt dar, der arbeitsbezogene Kommunikation notwendig und möglich macht, die wiederum interkulturelle Lernprozesse zur Folge haben kann. Desweiteren werden unterschiedliche Arbeitsverhalten sichtbar und „Vorurteile z.B. über die 'fleißigen und praktischen Deutschen' werden berührt, wenn deutsche Teilnehmende sich als eher faul und unpraktisch erweisen."[224]

Die Pausen während der Arbeit ermöglichen informelle Gespräche und bieten, nach der *Breitenbach-Studie*, „zahlreiche Ansätze zu interkultureller Kommunikation."[225]

Der kulturell unterschiedliche Stellenwert von Arbeit und das Arbeitsverhalten sind Themen für eine interkulturelle Diskussion; damit wird ein zentraler Aspekt von workcamps thematisiert.

Was die *Freizeitgestaltung* betrifft, so ist es sinnvoll die Erwartungen und Wünsche der TeilnehmerInnen abzuklären, denn diese können durchaus sehr unterschiedlich sein. Sie reichen von einem Angebot in offiziellen Kultur- und Politikbereichen über ein mehr touristisches Interesse bis zu Aktivitäten, die sich mit dem „Camp-Thema" auseinandersetzen.[226]

Bei der Freizeitgestaltung kommen auch die kulturell unterschiedlichen Standards zum Vorschein. So sind beispielsweise SüdeuropäerInnen eher gewohnt bzw. ziehen es eher vor, Aktivitäten gemeinsam mit der Gruppe zu unternehmen, während z.b. deutsche TeilnehmerInnen eher einmal das Bedürfnis äußern sich zurückzuziehen und auch Aktivitäten alleine oder in Kleingruppen durchzuführen.

Diese unterschiedlichen Vorstellungen können ebenfalls zum Anlaß genommen werden, eine Auseinandersetzung über die Tendenzen und Entwicklungen zum Individualismus generell und auch länderspezifisch zu führen.

Ausflüge und Besichtigungen bieten die Möglichkeit das Land und die Leute besser kennenzulernen sowie durch historische Hintergrundinformationen ein besseres Verstehen von Zusammenhängen und Entwicklungen zu erlangen.

Das Veranstalten eines Kulturabends eröffnet die Chance einen Einblick in verschiedene länder- und kulturspezifische Traditionen und Besonderheiten zu bekommen.

Weiterhin wird interkulturelles Lernen in der Freizeit durch gesprächs- und gemeinschaftsfördernde Situationen, wie z.B. bei Spaziergängen, am Lagerfeuer oder beim Musik machen, aktiviert.

Als Ergänzung und Unterstützung sei hier noch einmal ausdrücklich auf die im Anhang, unter *Dokument 1 bis 14*, aufgeführten unterschiedlichen Methoden – wie beispielsweise verschiedene Spiele und Medien sowie das „Blitzlicht" oder die TZI-Methode einzusetzen – hingewiesen, die sich gut eignen um interkulturelle Lernprozesse – im Sinne von entwickeln und steigern sozialer Kompeten-

---

[224] ebd., S.77
[225] Breitenbach, a.a.O., Bd. 5, S.44
[226] vgl. Döbrich/Kodron, a.a.O., S.88

zen (vgl. Punkt 6.1) – zu fördern. Diese können damit ebenfalls im Rahmen der Freizeitgestaltung eingesetzt werden.

Abschließend möchte ich noch einmal unterstreichen, daß es wichtig ist Konflikte in der Gruppe auszutragen, um kulturelle Unterschiede zu thematisieren und so zu einem besseren Verständnis der jeweiligen Ansichten zu gelangen. Die Rolle der TeamerInnen verstehe ich dabei mehr als eine moderierende, vermittelnde, d.h. Situationen und Verhalten sollten nicht vorschnell bewertet und interpretiert, sondern beschrieben werden.[227]

Es ist die Aufgabe der TeamerInnen darauf zu achten, daß Probleme und Konflikte angesprochen werden. Gleichzeitig sollten sie aber auch darauf aufmerksam machen, daß unterschiedliche Betrachtungsweisen nicht immer auf kulturelle Unterschiede, sondern oftmals auch auf individuelle Ansichten – also kulturunabhängig – zurückzuführen sind.

---

[227] vgl. Breitenbach, a.a.O., Bd. 3, S.137

10. Schlußbetrachtung

Zum Schluß dieser Ausarbeitung gilt es nun wiederum auf die anfangs – in der Einleitung – aufgeworfenen Fragen, bereichert um die Erkenntnisse aus dem Inhalt dieser Diplomarbeit, einzugehen und zu einer Einschätzung sowie zu einem Standpunkt zu gelangen.

Wie in meinen Ausführungen zu erkennen ist, bin ich der Meinung, daß internationale Jugendbegegnungen eine sinnvolle Maßnahme darstellen, die zu interkulturellen Lernprozessen – insbesondere durch das Erleben im persönlichen Kontakt mit TeilnehmerInnen aus anderen Kulturen – führen kann.

Für mich stellen internationale Jugendbegegnungen nicht (unbedingt) eine Flucht aus der nationalen Jugendarbeit dar, denn sie können durchaus ergänzend zu dieser gesehen werden. Wenn wir die multikulturelle Gesellschaft in unseren Städten betrachten, dann ist es richtig, daß hier angesetzt werden sollte, um das Zusammenleben der verschiedenen Kulturen miteinander und nicht nur nebeneinander zu verbessern. Aber darüber hinaus sind die, in dieser Diplomarbeit dargestellten, Vorteile von internationalen Jugendbegegnungen, wahrzunehmen und derartige Maßnahmen zu fördern..

Gleichzeitig gilt es aber die einzelnen Begegnungen kritisch zu betrachten, wenn sie den Anspruch erheben zum interkulturellen Lernen beizutragen.

An dieser Stelle sei aber auch darauf hingewiesen, daß es legitim ist internationale Jugendbegegnungen, in Form von Jugendtourismus, durchzuführen. Nur dann sollte dies klar formuliert sein und der Anspruch auf interkulturelles Lernen nicht erhoben werden.

Es ist – besonders anhand der *Breitenbach-Studie* – deutlich geworden, daß alleine die Absicht interkulturelles Lernen zu fördern, ohne eine entsprechende Qualifizierung der TeamerInnen sowie zumindest Ansätze interkulturellen Lernens zu konzipieren, nicht ausreichend ist. Zwar können gewisse Lernprozesse auch unmittelbar durch die Begegnung und Auseinandersetzung beispielsweise in Gesprächen oder beim gemeinsamen arbeiten aktiviert werden, doch kommt es im Grunde nur durch eine Auseinandersetzung über kulturelle Unterschiede, also durch Metakommunikation zu tieferen interkulturellen Lernprozessen.

Nun liegen die Ergebnisse der *Breitenbach-Studie* schon fast 20 Jahre zurück, aber sehr viele Autoren beziehen sich noch heute auf Erkenntnisse dieser Studie. Ein Grund liegt sicherlich auch darin, daß es anscheinend keine neueren Untersuchungen gibt, aber zum anderen dürfte sich in der Zwischenzeit auch nichts wesentliches geändert haben, so daß zumindest gewisse Aussagen und Feststellungen nichts an ihrer Aktualität verloren haben.

Hinsichtlich den Qualifikationsdefiziten von TeamerInnen dürfte sich, auch aufgrund von Hinweisen in neueren Lektüren, kaum etwas geändert haben. Die von mir zu Anfang geforderte stärkere Berücksichtigung sowie bessere Ausbildung von TeamerInnen in bezug auf interkulturelles Lernen habe ich bei vielen Autoren (*Freise, Breitenbach, Rademacher u.a.*) wiedergefunden. Doch wird auch darauf hingewiesen – und in diesem Punkt dürfte sich ebenfalls in den letzten zwei Jahrzehnten nicht viel geändert haben, – daß die Möglichkeiten der einzelnen Verbände und Organisationen internationaler Jugendarbeit, eine stärkere Professionalisierung von SeminarleiterInnen und TeamerInnen zu erreichen, hauptsächlich aufgrund der mangelnden finanziellen Mittel nicht zu realisieren sein wird.

In diesem Zusammenhang sei weiterhin erwähnt, daß der Grund für den Mangel an Feststellungsverfahren bezüglich der Eignung von TeamerInnen, seitens der Verbände und Organisationen internationaler Jugendarbeit, u.a. an

- „der Komplexität des Tätigkeitsfeldes, für das eine Eignung ermittelt werden soll, und

- in den unzureichenden finanziellen Anreizen für Mitarbeiter der Internationalen Jugendarbeit, die eine Eignungsauslese mangels hinreichender Bewerberzahl oft von vornherein ad absurdum führen",[228]

begründet liegt.

Wenn eine bessere Qualifizierung der TeamerInnen und somit auch ein Schritt zur Professionalisierung internationaler Jugendbegegnungen angestrebt wird, dann werden die Geldgeber, also hauptsächlich der Staat und die Kirchen gezwungen sein, den Verbänden und Organisationen internationaler Jugendarbeit mehr finanzielle Mittel zur Verfügung zu stellen.

Gleichzeitig geht die Kritik aber auch an die Verbände, welche die Maßnahmen durchführen, denn eine intensivere Zusammenarbeit untereinander, zumindest im Bereich der Aus- und Fortbildung von TeamerInnen, wäre möglich und wünschenswert.

Ein weiterer Aspekt, der im Kontext von Professionalisierung der internationalen Jugendarbeit auftritt, ist der der Kontinuitätssicherung. *Breitenbach* vertritt den Standpunkt, daß der „Charakter der Kurzzeitpädagogik" zu überwinden sei und das man zu „langfristigen Kooperationen" gelangen müsse. Diese langfristigen Kooperationen umfassen den Aufbau stabiler Beziehungen zu ausländischen Partnerorganisationen sowie zu den eigenen MitarbeiterInnen und schließlich auch zu den TeilnehmerInnen an internationalen Jugendbegegnungen.[229]

Breitenbach schlägt eine thematisch oder institutionell festgelegte Langzeitpädagogik vor, die thematisch durch Wiederholungsveranstaltungen („die Zeit da-

---

[228] Breitenbach, a.a.O, Bd. 5, S.19
[229] vgl. ebd., S.25f

zwischen ist ein intensives Lernfeld.") und „institutionell durch eine stärkere Bindung (Identifizierung) von Teilnehmern mit den Trägern zu erreichen" sei. Dies verlange aber einen höheren Organisationsgrad, als er gegenwärtig immer noch gegeben ist.[230]

Es stellen sich somit zwei wesentliche Problembereiche der internationalen Jugendarbeit heraus:

- zum einen die mangelnden finanziellen Mittel, die den Verbänden und Organisationen zur Verfügung stehen und
- zum anderen die mangelnde Kontinuität, die einerseits im Fehlen finanzieller Unterstützung und andererseits immanent in der kurzen Dauer der Maßnahme begründet liegt.

Ich möchte noch einmal zurückkommen auf die inhaltlichen Aspekte interkulturellen Lernens.

Die unter Punkt 6.1 genannten pädagogischen Lernziele, die als Voraussetzungen interkulturellen Lernens gesehen werden und die es gilt bei den TeilnehmerInnen zu entwickeln oder zu steigern, stellen meines Erachtens einen hohen Anspruch dar, der in der Praxis wohl nur zum Teil realisiert werden kann. So ist beispielsweise das Ziel des Abbaus von Vorurteilen in kurzzeitpädagogischen, internationalen Begegnungen wohl nur bedingt möglich, da „richtige", also grundlegende Vorurteile Bestandteil der Persönlichkeit sind und einen längeren Zeitraum brauchen um verändert werden zu können.[231]

Damit möchte ich generell die Ansprüche bezüglich der pädagogischen Lernziele interkulturellen Lernens, welche in einer kurzzeitpädagogischen Maßnahme zu verwirklichen sind, relativieren auf ein nach meiner Meinung realistisches Maß. Wo dieses realistisches Maß liegt möchte ich offen lassen, aber zumindest ist es unterhalb der in Punkt 6.1 angeführten pädagogischen Lernziele, anzusehen.

Darüber hinaus sollte die Aufgabe einer wissenschaftlich- und praxisfundierten Konzeption über eine Pädagogik interkulturellen Lernens möglichst bald angegangen werden. Wie von mir dargestellt gibt es bereits vereinzelte Ansätze, die es aufzugreifen und weiter zu entwickeln gilt.

Zudem können die von mir angeführten Überlegungen und Anregungen, insbesondere bezüglich methodisch-didaktischer Gesichtspunkte, durchaus ergänzend mit einbezogen werden.

Abschließend ist es mir noch ein Anliegen, auf die Notwendigkeit interkulturellen Lernens, ganz gleich ob in internationalen Begegnungsveranstaltungen oder in anderen Maßnahmen hinzuweisen. Denn im Zuge der enormen Ent-

---

[230] ebd., S.32
[231] vgl. DFJW, Arbeitstexte Nr.7, a.a.O., S.32

wicklung der Kommunikations- und Transportmittel und infolge der weltweiten Migrationsbewegungen treffen verschiedene Kulturen immer häufiger aufeinander. Diese Begegnungen verlaufen nicht selten ohne Konflikte durch wechselseitiges Unverständnis, Ablehnung oder Mißverständnisse aufgrund unterschiedlicher Werte, Normen und Verhaltensweisen.

Hier kann und hier sollte auch interkulturelles Lernen ansetzen, um das gegenseitige Verstehen von unterschiedlichen Kulturen zu fördern.

Als Plädoyer für (mehr) internationale Jugendbegegnungen und als weiterführendes Ziel der internationalen Jugendarbeit, nämlich die Erfahrungen aus diesen Begegnungen auf den Alltag in unseren multikulturellen Gesellschaften zu übertragen, möchte ich folgendes Zitat anführen:

„Internationale Jugendarbeit ist darauf angelegt, jungen Menschen durch Kennenlernen und Auseinandersetzen mit anderen sozio-kulturellen Gegebenheiten anderer Länder, Lern- und Erfahrungsfelder zu öffnen, auf denen sie, in der Begegnung und im Austausch mit Gleichaltrigen, Zugang zu unterschiedlichen Kulturkreisen erhalten und durch Interkulturelles Lernen ein besseres Verständnis und eine erweiterte Akzeptanz für die Lebensweise von hier lebenden nicht-deutschen Bevölkerungsgruppen erlangen können."[232]

---

[232] Amt für Jugend, Die neuen Steuerungsmodelle in der Jugendarbeit, Hamburg 1995

www.ingramcontent.com/pod-product-compliance
Lightning Source LLC
Chambersburg PA
CBHW020130010526
44115CB00008B/1052